**Coca Cola war
wie Rock ´n´ Roll**

Danksagung

Ich bin im Zusammenhang mit dem Entstehen dieses Buches vielen Personen und Persönlichkeiten zu Dank verpflichtet. Allen voran natürlich Peter Kraus, Nadja Tiller und Frank Elstner, die mir Stunden ihrer wertvollen Zeit geschenkt haben. Besonders möchte ich an dieser Stelle auch die Zeitzeugen Gerda, Heidi, Leopoldine, Norbert und Otto erwähnen, die mir durch ihre wertvollen und teilweise sehr persönlichen Erinnerungen geholfen haben, dem Rückblick auf ein Jahrzehnt, das ich selbst nicht erlebt habe, Seele zu geben.
Spezieller Dank an Herbert Fechter und sein Team von Fechter Management sowie Thomas Strobl und Mag. Charlotte Gierlinger; sie alle haben mitgeholfen, dieses Buch von der Idee zum Produkt heranreifen zu lassen. Last but not least bedanke ich mich bei HanneloreTouschek für ihre unersetzliche Tatkraft und Hilfe.

Die Abbildungen in diesem Buch wurden u.a. freundlicherweise zur Verfügung gestellt von VARTA, Siemens, BOSCH, Henkel (Persil); Firma J.Faber GmbH, Palmers, PROFIL-PROMOTIONS Fechter Verlag, Photoarchiv Touschek, Archiv PPR-mediaconsult beziehungsweise stammen aus Privatbeständen der Zeitzeugen.

Coca Cola war wie Rock ´n´ Roll

Eine Enzyklopädie der Erinnerungen

von Peter Petzl

Impressum

Printed in Austria
ISBN 3-9501339-3-3
© 2001 Fechter Management & Verlag GmbH.
www.fechter-management.com

Alle Rechte – auch das der photomechanischen Wiedergabe – vorbehalten.

Gestaltung und Produktion:
PPR mediaconsult
www.ppr-mediaconsult.com
Irrtümer, Druck- und Satzfehler vorbehalten.

Druck: Ueberreuter Print und Digimedia GmbH
2100 Korneuburg, Industriestrasse 1.

Aus dem Inhalt

Vorwort 9

Die Zeitzeugen 11-13

Das Jahr 1950 und die Welt 16
    Rio Grande 17
    Zuviel Atom ist ungesund 17
Das Jahr 1950 in Österreich 17
    Die Eiszeit kommt 18
    Waschtag ist Laschtag! 19
    Hi-Tech in den Küchen 20
    Kalter Krieg ganz heiß 23
    Hallo Dienstmann! 23
    Schwarze Lagune 24
    Rollkommando mit Hammer und Sichel 24
    Das Duell 25
Das Jahr 1950 in Deutschland 25
    Das Radio wird aufgedreht 26

Das Jahr 1951 und die Welt 30
    It's a video life 30
    Schwarzes Gold 31
    La Paloma 31
Das Jahr 1951 in Österreich 32
    Nylon 33
    Einen echten Herzog am Hals 36
    Die Jean des Schlossers 38
    Der Dealer 40
    Stragula trifft Hornitex 41
    Nierentisch & Co 42
    Die Verführer 46
    Maxis große Chance 49
    Skandal im Kino 50
    Schottischer Ritus 50
    Humor ist, wenn man trotzdem lacht 50
Das Jahr 1951 in Deutschland 50
    Hör zu 51
    Pneumatischer Händedruck 52

Das Jahr 1952 und die Welt 56
    George heißt Christine 58
    Louie der Schweizer 58
    Gutes Jahr für die Götter in Weiß 58
    "Negermusik" und Buschklepper 59
Das Jahr 1952 in Österreich 61
    ... und wenn die Pummerin wieder läut'... 61
    Bergab ist der Strom teurer 62
    Greißlersterben 63
    Mach mal Pause 63

Die Freßwelle	66

Das Jahr 1952 in Deutschland — 68
Hallo Fernamt? — 69

Das Jahr 1953 und die Welt — 72
Der Comet kommt — 75

Das Jahr 1953 in Österreich — 75
Stichwort Marshallplan — 76
Oase Bad — 77

Das Jahr 1953 in Deutschland — 77
Grünes München — 77
Panzer-Demokratie — 78

Das Jahr 1954 und die Welt — 82
Kapitän Nemo unterwegs — 83
Lähmend: Kampf gegen Polio — 83

Das Jahr 1954 in Österreich — 84
Land der Millionäre — 85
Unter der schönen blauen Donau — 85
Der widerlichste Jüngling Amerikas — 85
... des Gitarrespielens nicht mächtig — 86
Partykultur — 87
Tod in Monza — 88

Das Jahr 1954 in Deutschland — 89
Frontwechsel für den Geheimdienstchef — 89
Ungarische Rhapsodie auf deutsch — 89

Das Jahr 1955 und die Welt — 94
Zuviel Blut für einen Bluter — 94
Rebell im Dienste der Verkehrssicherheit — 94

Das Jahr 1955 in Österreich — 96
"Österreich ist frei" — 97
Alles auf eine Karte — 98
Risikofaktor Rolltreppe — 98
TV in Österreich: Erster Tag, erste Kritik — 99
Kino, Glamour und Kultur — 99
Filme des Jahrzehnts — 103
Dichtung und Wahrheit: Der österreichische Film — 104
Startschuß für den Sissi-Kult — 104
Alle lieben Peter — 105
Österreichische Filmtypen in den Fünfzigern — 106
Der Überflieger — 107
Warum in die Ferne schweifen — 107
Capri, wir kommen! — 109
Mecki gegen Bambi — 113

Das Jahr 1955 in Deutschland — 114
Österreichs Anteil am Deutschen Wirtschaftswunder — 115
Der Todes-Flug des Silberpfeils — 118
Kleine Autos ganz groß — 118

Das Jahr 1956 und die Welt — 124
Voller Kanal — 125

Österreich im Jahr 1956 — 126
Wo soll das nur hinführen... — 126
Von Leseratten und Bücherwürmern — 127
Rock 'n' Roller — 127
Russischer Kehraus — 128

Nixon und das Ungarngate	128
Weiße Olympiade: Österreich räumt ab	128

Deutschland im Jahr 1956 — 129

Das Jahr 1957 und die Welt — 134

In 45 Stunden um die Welt	135
Sputnik kommt auf den Hund	135
Wer kriegt Fangio?	137

Österreich im Jahr 1957 — 137

Benehmen Sie sich	140
Interessant, nicht wahr...	141
Die Frau in den 50ern	142
Gehen, stehen und sitzen – aber richtig	149
Hygiene	150
Ein Klepper für alle Fälle	151

Deutschland im Jahr 1957 — 152

Adi kommt nach Österreich	152
Skandal um Rosi	153
Babykiller	154

Das Jahr 1958 und die Welt — 159

Nur Fliegen ist schöner ...	160
Ein Herz für den Ingenieur	160
Herr der Ringe	160

Das Jahr 1958 in Österreich — 161

Rrrimini	163
EWG - Einer Wird Gewinnen. Oder?	163
"Der elegante Neger"	163

Das Jahr 1958 in Deutschland — 164

Deutschland, Schweden und der Schnaps	164

Das Jahr 1959 und die Welt — 168

Brüderchen Mond	169
Das schwebende Kissen	169

Österreich im Jahr 1959 — 170

Da schau her	170
Vico muß büßen	171
Ein Leiberl beim Papst	172

Deutschland im Jahr 1959 — 172

An der Schwelle zu den Roaring Sixties — 176

Österreich an der Schwelle zu den Roaring Sixties — 177

Leopold Figl und die Russen-Sau	178
Wer will schon schöner wohnen...	178

Deutschland an der Schwelle zu den Roaring Sixties — 178

In Platten baden	179

Index der Erinnerungen — 181

Vorwort

Zurückblicken heißt vorausschauen

Nichts ist zeitloser als der Zeitgeist. Was heute modern, "in" ist, wird morgen unmodern, "out", um übermorgen wieder als "cool", "megageil" oder "hip" empfunden zu werden. Und so wird jede Reise in die Erinnerung zu einer Begegnung mit vielen Déjà-vu-Erlebnissen. Die 50er – heute als kultiges Jahrzehnt empfunden, erschienen denjenigen, die sie erlebten, ganz anders: Als spießige Zeit des Aufbruchs ins Wirtschaftswunder.

Als „Kind der 50er" war es mir ein Anliegen, Peter Petzl's Idee für ein Buch über die 50er Jahre aufzugreifen. Seine Enzyklopädie der Erinnerungen reiht Zahlen, Daten, Fakten wertfrei aneinander – und fügt die Meinung von Zeitzeugen unterschiedlichsten Alters und Berufs hinzu: Da diskutieren Promis mit dem Mann von der Straße, "Stars der Fünfziger" mit Lieschen Müller von nebenan.
Wie subjektiv werden da objektive Ereignisse gesehen, wie vielfältig und bunt sind die Erinnerungen – und wie unterschiedlich oft vom heutigen Klischee über das Jahrzehnt des "Rock ´n´ Roll".
Entlarvend für den "Zeitgeist" der 50er sind aber vor allem die Zitate aus Zeitungen und Büchern. Vielleicht rücken sie ihn zurecht, den Blick zurück, der stets verklärt ist, und machen den Blick nach vorne weniger angstvoll.
Denn nur die Gegenwart sehen wir real. Und "real" gesehen, waren die 50er eine Zeit der Wende; das erste Jahrzehnt nach dem Weltkrieg, das eine lange Friedensperiode einleitete. Eine Zeit der Stabilisierung der Werte, die in den Jahrzehnten davor zerfielen oder in Frage gestellt wurden. Jetzt, da die Waffen schwiegen, konnte sich Wissenschaft, Wirtschaft und Kultur in Ruhe entwickeln – einen Querschnitt davon finden Sie in diesem Buch.

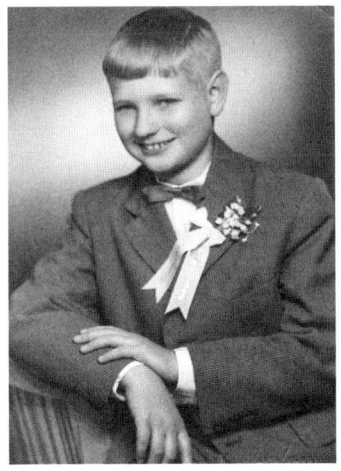

Heute befinden wir uns in der Mitte zwischen den "50ern" des letzten und denen des 21. Jahrhunderts. Wird der Entwicklungssprung in den nächsten 50 Jahren so gigantisch sein wie jener zwischen 1950 und heute, oder wird meine 50er-Generation, die keinen Krieg im eigenen Land erlebte, als Friedensgeneration ihr Leben beenden? Fragen über Fragen. Vielleicht liegt die Antwort im Rückblick, denn zurückblicken heißt vorausschauen, meint

Herbert Fechter, Herausgeber

Die Zeitzeugen

Peter Kraus

geb. 1939 in München, verbrachte seine Jugend in Salzburg, München und Wien und ist österreichischer Staatsbürger. Er ist Vater von zwei Kindern und seit drei Jahrzehnten mit Ingrid, einem ehemaligen Fotomodell aus Wien, verheiratet. Seine Tochter Gabi machte ihn Ende 1998 erstmals zum Großvater oder wie er es ausdrückt "Ehemann einer Großmutter". Seit vielen Jahren lebt Peter in Lugano (Schweiz). Sein Debüt als Filmschauspieler feierte er im Alter von 13 Jahren im "Fliegenden Klassenzimmer" mit Paul Dahlke. Insgesamt wirkte er in 25 Filmen mit. Mit seinem ersten Auftritt als Sänger im legendären Konzertsaal des deutschen Museums 1956 brachte er den **Rock 'n' Roll** nach Deutschland und erhielt Beinamen wie "Deutscher **Elvis**", "Schluckauf-Sänger" oder "Heulboje". In den ersten Jahren seiner Karriere gingen bis zu einer Million **Singles** jährlich über den Ladentisch. Longplays waren noch nicht erfunden. Insgesamt verkaufte er in seinem Leben mehr als 17 Millionen Tonträger.

Nadja Tiller

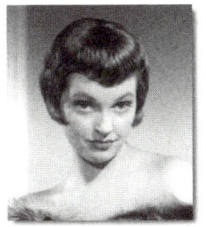 

geb. 1929 in Wien, verheiratet mit Schauspieler Walter Giller. Die Schauspielerin – die übrigens die erste Miss Austria war – hat zwei Kinder: Natascha und Jan-Claudius. Nach einer Ausbildung zur Modistin besuchte sie die Akademie für Musik und Darstellende Kunst in Wien. 1949-52 Theater in der Josefstadt; später brillierte sie in Filmen wie u.a. "Der letzte Sommer" (1954), "Das Mädchen Rosemarie" (1958), "Buddenbrooks" (1959), "Affäre Nina B." (1961), "Lulu" (1962), "Scheiden u. scheiden lassen" (1980), "Der Sommer d. Samurai" (1986), "Nächte mit Joan" (1997) und "Sturmrein" (1998). Ehrungen: 1960 Filmband in Silber, 1979 Bundesfilmpreis/Filmband in Gold, 1999 Platin-Romy, 2000 Ehrenmedaille d. Stadt Wien, 2000 Bundesverdienstkreuz, 2000 Verdienstkreuz I. Klasse für Wissen und Kunst.

Frank Elstner

Frank Elstner (1942 im oberösterreichischen Linz geboren, verheiratet, fünf Kinder) entstammt einer alten Theaterfamilie und kam dadurch früh mit dem Showbusiness in Kontakt. 1952 begann seine Karriere: der 10jährige bekam die Hauptrolle in einer Hörfunkbearbeitung von Walt Disneys "Bambi". Mit 21 war er bei Radio Luxembourg; 1966 Chefsprecher beim RTL, 1972 Direktor des dt. RTL-Programmes. Von 1981 bis 1987 moderierte er die von ihm erfundene Unterhaltungssendung "WETTEN DASS...?"; von 1988 bis 1990 "Nase Vorn". In seiner Ideen-Schmiede „Frank Elstner Productions" konzipiert er neue Sendungen. Seit 2000 moderiert er "Frank Elstner – Menschen der Woche" beim Südwestrundfunk. Auszeichnungen (u.a.): 1976 Goldene Kamera, 1979 Bundesverdienstkreuz, 1979 Chevalier de l'Ordre de la Mérite du Grand-Duché de Luxembourg, 1981 Bambi, Zeitschrift "Bild & Funk", 1997 Platin-ROMY, ORF Wien, 1999 Goldene Millennium-Kamera HÖRZU

Pirron & Knapp

1937 zogen zwei junge Hobbymusiker in die niederösterreichische Kaserne Bruck/Neudorf ein, um ihren Wehrdienst abzuleisten.

Der eine – Josef Gnapp – war mit einer Gitarre bewaffnet, der andere – Robert Cuny de Pierron – brachte neben seinen persönlichen Habseligkeiten auch ein Akkordeon mit. Der gelernte Eisengießer und der Absolvent der Wiener Hotelfachschule (der schon bei den Schulbrüdern der Star des dortigen Kinderchors war), fanden sich auf Anhieb sympathisch.

Die beiden Hobbymusikanten kamen den Offizieren als Abwechslung im Offizierskasino gerade recht. Und so begann eine Karriere, die nach dem Krieg erfolgreich fortgesetzt wurde.

Max Lustig, damals einer der bekanntesten Conférencies und gleichzeitig Künstlervermittler, ermutigte die beiden und engagierte sie sofort für eine „Doppelplauderei mit Liedern" (Honorar: stattliche 50 Schilling; rund 3,6 Euro). Bald waren Pirron und Knapp mit ihren Doppelconférencen und Schnellsprechliedern konkurrenzlos.

Das damals einzige Kommunikations- und Unterhaltungsmittel, das Radio, trug ihre Popularität weit über die Grenzen Wiens hinaus. Ganz Österreich lag im Pirron & Knapp-Fieber, lernte ihre Texte auswendig und kaufte ihre Schallplatten.

Ihre Vorstellungen waren ausverkauft; sie traten auf in Zürich, München, im Salzburger Festspielhaus; sie spielten Matinees im Wiener Musikvereinssaal und in der Volksoper und feierten mit achtzehn (!) Auftritten an einem einzigen Silvesterabend einen bis heute einmaligen Rekord.

Das unerwartete Ende kam 1961. Der geniale Texter und kreative Kopf Josef Gnapp hatte seinen Partner Bobby Pierron – der sich um Werbung und Verkauf kümmerte – versprochen, ihn an allen Titeln mit einem Viertel der Tantiemen zu beteiligen. Doch Gnapp hatte bei den letzten Titeln diese Anmeldung unterlassen. Ein Grund für Bobby Pierron, die Zusammenarbeit nach 15 erfolgreichen Jahren und insgesamt sechzehn Platten zu beenden.

Erst 1984 sah Bobby Pierron seinen Ex-Partner nach 23 Jahren wieder. Man hatte mit der LP "Pirron und Knapp – Die große Lachparade 1" die goldene Schallplatte erreicht. Doch bei der Verleihung verwehrte Josef Gnapp seinem langjährigen Freund und Partner den Handschlag. Unversöhnt gingen sie auseinander und sahen sich bei dieser Gelegenheit auch zum letzten Mal.

Im Februar 1999 verstarb Josef Gnapp. Bobby Pierron erfuhr davon erst Monate später durch Zufall aus einer Fachzeitschrift der Musikindustrie.

Ihre Musik lebt weiter. Bis heute wird das Pirron&Knapp Repertoire im Radio und von unzähligen Kapellen live gespielt. Bobby Pierron lebt heute, glücklich mit seiner Frau Gucki verheiratet, im 17. Bezirk in Wien.

Gerda

geboren 1938 in Linz (Oberösterreich), kommt aus einfachen Verhältnissen, Malerin und Bildhauerin, verwitwet, drei Kinder, zwei Enkel.

Heidi

1936 geboren, war Fleischermeisterin; übernahm gemeinsam mit Otto den elterlichen Betrieb in Gablitz (Niederösterreich). Drei Kinder, sechs Enkel.

Leopoldine

Lebt seit ihrer Geburt 1935 in Gablitz (Niederösterreich). 1952 lernte sie ihren jetzigen Mann Norbert kennen; 1955 heirateten sie; sie haben einen Enkel.

Norbert

1932 geboren in Mauerbach (Niederösterreich). Lernte bei seinem Vater das Sattlerhandwerk, machte dann noch eine Tapeziererlehre, eröffnete einen Betrieb.

Otto

1930 geboren, war Fleischhauer in Gablitz (Niederösterreich). Lernte im Betrieb seine spätere Frau Heidi, die Tochter des Hauses, kennen; 1956 wurde geheiratet.

Mecki

Mitte der 30er geboren, kam Mecki bereits vor dem 2. Weltkrieg als Trickfilmfigur und auf Postkarten zum Einsatz. Der große Durchbruch gelang ihm Anfang der 50er Jahre: Ab 1949 unterhielt er mit Bildergeschichten die „Hör zu"-Leser und avancierte schnell zum Publikumsliebling. Sofort wurde die Seite mit der Mecki-Geschichte aufgeschlagen und von Kindern und Eltern gelesen. Dem Siegeszug des kleinen Kerls waren von da an keine Grenzen mehr gesetzt.

1950

Auf los geht's los...

Das Jahr 1950 und die Welt

Korea und Indochina haben Krieg. Der Fuchs ist nicht schlau genug und man kann den ersten Computer schon mit Plastik bezahlen.

Stalin und **Mao** Tse-tung werden Freunde: Sie unterzeichnen im Februar einen russisch-chinesischen Freundschafts- und Beistandspakt.
Das von den Russen unterstützte Nordkorea dringt im Juni über die Demarkationslinie (38. Breitengrad) nach Südkorea ein.
Die Südkoreaner werden dabei bis in den äußersten Südosten gedrängt. Die Amerikaner – ganz Weltpolizei – lassen sich ein Eingreifen durch die UNO sanktionieren. Die **US-Marines** unter dem Oberbefehl von **General MacArthur** werfen die Angreifer nach mehreren Invasionen nicht nur zurück, sondern dringen im Gegenzug bis weit in den Norden vor. China besinnt sich auf den Beistandspakt und greift ab Oktober massiv auf der Seite des Nordens ein. Nun ist es an den UNO-Truppen, den Rückzug anzutreten.
China annektiert **Tibet.**
Vom Westen kaum beachtet, eskaliert der Indochinakrieg in Vietnam zwischen den französischen Kolonialherren und den nordvietnamesischen Viet-Minh-Guerillas. Frankreich muß unter enormen Verlusten eine Festung nach der anderen aufgeben.

Der deutschstämmige Atomforscher **Klaus Fuchs** mit britischem Paß wird als **sowjetischer Spion** enttarnt und zu 14 Jahren Zuchthaus verurteilt (geht nach Begnadigung 1959 in die DDR).

Der französische Außenminister Robert **Schuman** legt den nach ihm benannten Plan zur Einigung Europas vor.

In den USA wird die "Kommission für unamerikanische Umtriebe" eingesetzt, Senator **McCarthy** beginnt mit seiner Jagd auf Kommunisten.

Geld aus Plastik, wo gibt's denn so was? 1950 führt der DINERs Club die **Kreditkarte** ein.
UNIVAC 1 heißt der erste **Computer**, den man kaufen kann. Er kommt vom Fließband und speichert erstmals Daten auf Magnetband.
Hochgeschwindigkeitskameras können 10 mio Bilder/sec aufnehmen.
Die erste **Acrylfaser** wird unter dem Namen **"Orlon"** in den Vereinigten Staaten auf den Markt gebracht.
Der deutsche Chemiekonzern BASF entwickelt ein hartes, sehr leichtes Schaummaterial aus Polystrol. Es wird unter der Bezeichnung **"Styropor"** vermarktet.

Samuel **Fischer** gründet den nach ihm benannten **Taschenbuch-Verlag**.

Die Frühjahrsmode 1950 wird in der Zeitung "Wiener Kurier" mit dem Schlagwort **"bleistifteng"** beschrieben.

Rio Grande

Das Gesetz bin ich. US-Schauspieler **John Wayne** beginnt seine Karriere als Westernheld schlechthin und verkörpert in zahlreichen Filmen Recht und Gesetz. 1950 dreht er „**Rio Grande**" unter der Regie von **John Ford**.

Zuviel Atom ist ungesund

Das amerikanische Ehepaar Julius und Ethel **Rosenberg** wird 1951 in New York wegen Spionage und Landesverrats zum Tod verurteilt und zwei Jahre später hingerichtet. Das Ehepaar sollte seit 1944 Informationen über den Bau der **US-Atombombe** an die UdSSR verraten haben. Die erste Exekution wegen Landesverrats in den USA in Friedenszeiten wurde von zahlreichen Protesten im In- und Ausland begleitet, zumal das 1950 verhaftete Ehepaar bis zuletzt seine Unschuld beteuert hatte.

Gestorben sind 1950

unter anderem die Schriftsteller **George Bernard Shaw**, **Heinrich Mann**, **George Orwell** und **Hedwig Courths-Mahle**r; die **Industriellen Gustav Krupp** und **Fritz Thyssen** und Österreichs Bundespräsident **Karl Renner**.

Das Jahr 1950 in Österreich

Der Dritte Mann kommt, die Todesstrafe geht. Erst brennt das Belvedere, dann die Straßen.

Im **Apollo-Kino** in Wien wird der von Carol Reed in Wien gedrehte Film **"Der Dritte Mann"** uraufgeführt. Die österreichisch-englische Produktion wird von einem auch für die Filmbranche ungewöhnlichen Reklamefeldzug begleitet. Zur Uraufführung kommen zahlreiche Vertreter des öffentlichen Lebens und der britischen **Besatzungsmacht**.

Die Regierung schafft die **Todesstrafe** mit 30. Juni 1950 ab. Pech für **Johann Trnka**. Der Frauenmörder wird zuvor noch im Landesgericht hingerichtet.

Geschworenengerichte werden wieder eingeführt. Gleichzeitig werden die Volksgerichte aufgehoben.

Durch einen **Großbrand** im Ostturm des Belvedere wird das sogenannte "**Goldkabinett**", ein Werk von Lukas von Hildebrandt, völlig zerstört. Auch das Deckengemälde im Makartsaal wird ein Raub der

Flammen. Brandursache sind vermutlich Chemikalien, die hier für Restaurierungszwecke gelagert wurden.

Bürgermeister **Theodor Körner** legt in Wien den Grundstein zur 10.000sten **Gemeindewohnung** nach dem Krieg; trotzdem fehlen in Österreich rund 200.000 Wohnungen.

Nach Abschluß einer archäologischen Grabungskampagne nahe Loretto (Burgenland) ergibt sich ein erfreulicher Abschlußbericht: Bei der Entdeckung eines urgeschichtlichen Gräberfeldes wurden Reste der Glockenbecher-, der Wieselburger- und 28 Brandbestattungen der **Urnenfelderkultur** (um etwa 1000 v.Chr.) gefunden.

In Österreich gibt es 48.453 registrierte **Personenkraftwagen**.

Willi Gantschnigg erfliegt in Oberstdorf (Bayern) mit 124 m den **Weltrekord im Skispringen**.

Und nach einer Serie guter Ergebnisse ist die Presse bereit, für Österreichs **Fußball** ein neues **Wunderteam** auszurufen.

Die Eiszeit kommt

Die **Tiefkühltechnologie** verändert in Europa die Nahrungsmittelindustrie: Das Gefrieren von Lebensmitteln zur **Frischhaltung** ist für die Bewohner arktischer Zonen seit jeher selbstverständlich. Industriell kann die Kälte aber erst nach der Einführung der **Kälte-Kompressor-Maschine** durch **Carl von Linde** (1875) verwendet werden. 1930 kommen in den USA erste Einzelhandelspackungen auf den Markt. 1932 entwickelte der Deutsche **Heinrich Heckermann** den ersten Gefriertunnel zum Serientiefgefrieren. Der Absatz erweist sich zunächst als äußerst mühsam, weil die notwenige **Tiefkühlkette** noch nicht aufgebaut ist. Sie entsteht um 1950.

Notwendige Voraussetzung ist natürlich auch, daß in den privaten Haushalten genug **Kühlschränke** stehen. Das allerdings dauert seine Zeit. Die Zahl der Kühlschränke steigt von ca. 20.000 im Jahr 1950 auf ca. 320.000 Stück 1960. 1960 sind damit etwa 15 % aller österreichischen Haushalte mit Kühlschränken ausgestattet.

Noch stärker ist die Zunahme an **Waschmaschinen** von ungefähr 3.000 Stück 1950 auf 230.000 im Jahr 1960.

Waschtag ist Laschtag!

Natürlich war die **Reklame** bemüht, die Fortschritte der Produkte überzeugend anzupreisen:
"Wer spricht noch vom Waschtag, wenn die Aufgabe der Hausfrau nur mehr darin besteht, die Wäsche in die Maschine zu werfen, das Kabel an die Leitung anzuschließen und dann die reine Wäsche zum Trocknen aufzuhängen? Die elektrische Waschmaschine kennt keine ausgelaugten Hände!"

Ausgelaugte Hände vermeidet man im übrigen auch mit einem "klug eingeteilten Wirtschaftsplan" – weil man dann nicht so oft Händewaschen muß.
Wie das funktioniert und andere Tipps gibt ein zeitgenössischer Artikel wieder, den Strobl & Sokal in der 50er-Jahre-Kabarett-Show „Im Tröpferlbad der Gefühle" zitieren, und der nicht nur Vollblut-Emanzen die Haare zu Berge stehen läßt:

"Die Arbeit für Mann und Heim, die bewußte und vernünftige Planung des Tages, die vermehrte Mühe für eine besonders nette Behaglichkeit sind gottlob nicht für jede Frau eine Belastung, sondern selbstgewählter und geliebter Lebenszweck. (...)
Dabei kennt die Hausfrau nicht nur bei den Einrichtungsgegenständen und den Hilfsgeräten arbeitssparende Erleichterungen, sondern auch in der Methode der Arbeit selbst. Der Haushalt wird immer mehr zu einem wohlorganisierten und gelernten Betrieb.
So ist es wichtig, daß sich die Hausfrau einen gewissen Arbeitsplan macht, nach dem sie die Bewirtschaftung ihres Haushalts zurechtlegt. Die einzelnen Arbeiten in der Küche, wie Gemüseputzen und Kartoffelschälen sollen unmittelbar hintereinander gemacht werden, denn dann muß man sich die Hände nur einmal waschen; man spart also Seife, Handtücher und schont die Hände. (...)

Wichtig ist es auch, daß die Hausfrauen ein Viertelstündchen in der Zeitung lesen. Sie erfahren dadurch, was in der Welt los ist und bleiben auf dem Laufenden; zuzüglich werden sie nicht in ihren Ansichten und Kenntnissen rückständig und können mit Mann und Kindern über das Geschehen in der Umwelt plaudern. (...)

Dank all den bequemen neuzeitlichen Mitteln geht die Hausarbeit rasch voran. Es bleibt den jungen Frauen sehr viel, oft zu viel Zeit übrig. Da es aber nicht mehr Mode ist, zu handarbeiten oder Hausmusik zu treiben, treibt sich ein großer Teil der nunmehr entlasteten Hausfrauen in den Geschäftsstraßen der Städte, in den Warenhäusern, Kaffees und Kinos herum, behindert den Verkehr, braucht mehr Geld, langweilt sich - und wird unzufrieden. Statt die gewonnene Zeit zur Bildung, zur Kindererziehung, zum geselligen Beisammensein, zu innerem und äußerem Vorwärtskommen zu werten, wird sie vertan."

Hi-Tech in den Küchen

Neue Geräte halten in den 50ern Einzug in die Haushalte. Abgesehen von Waschmaschine und Kühlschrank, vom **Toaster** bis zum **Mixer**, vom **Transistorradio** bis zum **Trockenrasierer** ("Keiner rasiert gründlicher") – die Segnungen der energisch vorangetriebenen **Forschung** und **Technik** in diesem Jahrzehnt erobern einen Lebensbereich nach dem anderen.

Klingende Namen machen Produkte zu Begriffen: **AEG** nennt seinen Staubsauger "Vampyr". Er hat eine aggressive Keilform und ähnelt von vorne einem Autokühler.
Bauknecht, eine Firma, die in den 50ern genau "weiß, was Frauen wünschen" nennt ihren Mixer "Trifix". **Progress** hat eine Küchenmaschine namens "Küchenboy" im Programm. **Rowenta** tauft ihr Bügeleisen auf den Namen "Federleicht".

Norbert:
Der Kühlschrank war eine Sensation! Also, unser Nachbar, der hat schon einen gehabt, und der hat sich dann ein Cola rausgenommen, das war so schön kalt, da sind die Perlen heruntergeronnen am Glas. Und wir haben daneben geschluckt, mit unserem warmen Cola.
Früher haben wir alles in den Keller hinunterge-

stellt, wenn Essen übriggeblieben ist und ich glaube, wir haben den ersten Kühlschrank gekriegt im 56er, 57er-Jahr. Lange Zeit, z.B. bei meinen Eltern, haben wir zum Kühlen nur einen Sandkeller gehabt mit Erdboden – das kann man sich ja heute nicht mehr vorstellen.

Heidi:
Waschmaschine? Damals war die erste eine Drehkreuzmaschine und da bin ich erst draufgekommen, wie herrlich das ist, nicht mehr mit der Hand zu waschen!
Dem Kühlschrank hab ich nicht getraut, denn wir hatten ja eine Fleischerei mit einem richtigen **Kühlraum**, eine richtige **Linde-Kühlung**, es war immer alles schön kalt. Bei mir war eher das Problem das Waschen!

Außerdem hatten wir eine der ersten Geschirrspülmaschinen, eine amerikanische "kitchen-eight", die haben wir eingebaut in der Küche, die war immer kaputt. Ist immer gestanden, und dann war auch noch der Motor vom Stehen kaputt, das hätten wir reparieren müssen, und wir haben es lieber bleiben lassen. Ich hab mir immer gedacht, das Geschirr ist doch so schnell abgewaschen mit der Hand – bis ich das da vorgespült und richtig eingeräumt hab in die Maschine, bin ich doch mit der Hand schon lang fertig!
Am Ende haben wir die Geschirrtücher der Betriebsküche hineingeschlichtet und gewaschen, damit die Maschine wenigstens benützt wurde.

Otto:
Übrigens, weil sie damals in der Werbung immer gesagt haben "Bauknecht weiß, was Frauen wünschen" - das haben wir dazumals auch gewußt, da waren wir 20 Jahre alt – das war aber keine Küchenmaschine ...! (Gelächter in der Runde)

Leopoldine:
Also in Bezug auf den Kühlschrank – meine Mutter hatte ein kleines Lebensmittelgeschäft und da hatten wir noch Jahre nach dem Krieg einen **Eiskasten**. Da kamen sie mit den **Eisblöcken**, haben ein Stück runtergehackt und reingelegt. Dann mußte man immer das **Tauwasser** ablassen – das war ja mehr oder weniger ein Behelf und es war für meine Mutter dann ein Riesenfortschritt, als sie sich auch einen großen "Linde" gekauft hat. Dafür hatte sie keinen Platz im Geschäft und wir mußten durchbrechen in den nächsten Raum.

Gerda:
In der ersten Wohnung, wo wir zur Untermiete waren, da haben wir gleich einen Kühlschrank gehabt. Meine Eltern, die hatten eine **Speisekammer**, die war nicht so kalt, da muße man halt anders einkaufen.
Die Milch mußte abgekocht werden, alles andere wurde frisch eingekauft, nichts auf Vorrat. Man hatte halt 50 Kilo Erdäpfel im Kellerabteil, die Äpfel und die Pilze wurden getrocknet.
Waschmaschinen hat längst nicht jeder gehabt, eigentlich eher zuerst die **Wäscheschleudern**. Das war ein Metallgestell, innen ein Gummisack mit Löchern unten, die Wäsche wurde gepreßt, mit Wasserdruck hat das funktioniert, nicht elektrisch! In der **Waschküche** hatte man das stehen, das Wasser ist unten in den Ausguß im Boden abgeflossen.

Peter Kraus:
Waschmaschine, Kühlschrank? Damit hatte und habe ich eher nichts am Hut. In dem ersten Haus, das ich geplant hatte, mit einem schwenkbaren Fernseher nach außen, gab es **Kino**, **Fitnessraum**, **Marmorböden**, alles auf **Party** ausgerichtet – da haben wir die Küche eigentlich fast vergessen. Da war grad so ein kleines **Kochnischerl** drin...
Ich hab mein Zeug wie alle guten Söhne zu meiner Mutter geschmissen, wenn ich überhaupt irgendwann zuhaus war - und meistens war ich ja sowieso unterwegs.
Und wie war das mit den neuen **Trockenrasierer**n?
Peter Kraus:
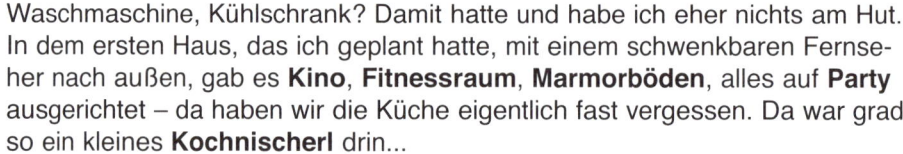
Ich mußte natürlich alles haben, was neu war, hatte also sofort diesen Philips-Shaver, ging aber dann ganz schnell wieder aufs **Naßrasieren** über und blieb bis heute dabei. Ich glaub, es war der **Fritz Wepper**, der sagte: „So was Blödes - es ist doch das herrlichste Gefühl, so mit dem **Rasierpinsel** die Seife aufzutragen."

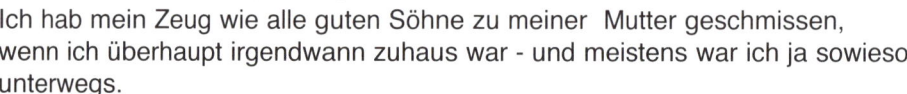
Norbert:
Trockenrasierer, das war eine super **Erfindung**. Man brauchte sich nicht mehr mit dem Pinsel das ganze Gesicht anzuschmieren...
Ich bin begeistert davon, seit damals der „**Philishave**" aufgekommen ist. Also wir haben da gleich zugeschlagen, da haben wir nicht mehr mit dem **Gillette** herumgefummelt. Außer beim Reisen mit dem **Motorrad**, wenn wir unterwegs keinen Strom gehabt haben.

Heidi:
Ich hab die **Elektrorasierer** auch gut gefunden; weil die waren immer ein ideales Weihnachtsgeschenk...

Otto:
Als ich halbwüchsig war, so zwanzig Jahre, da hab ich noch nicht viel Bart gehabt – da bin ich halt jeden zweiten oder dritten Tag zum **Friseur** gegangen.

Das Warten immer... – er war ja ein lustiger Mensch, aber irgendwann ist es mir dann schon auf die Nerven gegangen. Dann hab ich mir so einen "**Einkopfscherer**" gekauft, einen **Braun**, und gemerkt, das ist ja gar nicht so schlecht. Nach und nach hab ich mir dann bessere Modelle gekauft, wie die von Philishave. Heute hab ich übrigens wieder einen von Braun.

Nadja Tiller:
Das **Braun-Design** – das fand man toll. Mein Mann (Schaupieler Walter Giller; Anm.) wollte sich nie elektrisch rasieren, der verwendet heute wie damals einen Naß-Rasierer.

Frank Elstner:
Da fällt mir nur der Begriff "**Remington**" ein, denn ich wohnte in einer Zone, die von Franzosen und Kanadiern besetzt war und die Kanadier hatten diese Remington-Rasierer. Als ich zum ersten Mal (wir wohnten bei einem Kanadier in Untermiete) diesen Rasierer sah, hab ich den angefaßt und gestaunt – die hatten die irrsten Formen, wie verrückte Kofferradios! Vom Design her hatten die amerikanischen Autos alle Flossen, die Toaster waren üppig, jeder hat sich in diesen runden, barocken Formen gesuhlt und so sahen auch die Rasierer aus – breit, riesengroß! Es gab den Riesenstreit zwischen Philishave (der rund drehte) und den Rasierern, die die flache Oberfläche hatten. Es war fast schon eine Weltanschauung in der Schule, wer sich zuerst rasiert hat, entweder mit dem Rundrasierer oder dem Remington. Ich hab das allerdings nie mitgemacht, weil ich mich von Anfang an mit der Klinge rasiert hab, auch heute noch. Ich besitze keinen elektrischen Rasierer.

Kalter Krieg ganz heiß

Der **Kalte Krieg** wird im Fernen Osten ganz schnell zu einem heißen Krieg, als im Sommer 1950 nordkoreanische Truppen in Südkorea einmarschieren.
Weil dieser Überfall an einem Sonntag stattgefunden hat, sagt Österreichs **Außenminister Karl Gruber** bald darauf bei einem Vortrag an der Wiener Universität: "Westliche Politiker nehmen ein Wochenende am Land. Östliche Politiker nehmen ein Land am Wochenende."

Hallo Dienstmann!

Der beliebte Volksschauspieler **Hans Moser** erhält den Ehrenring der Stadt Wien: Der Schauspieler, Sänger und Kabarettist ist durch den **Film** im ganzen deutschen Sprachraum berühmt geworden. Seine einfache Art der Menschendarstellung, seine **Komik**, das unverkennbare Nuscheln seiner Sprache lassen ihm die Herzen der Menschen zufliegen. 1925 engagierte ihn **Max Reinhardt**. Der große Durchbruch gelingt ihm aber mit dem Spielfilm. In weit über 100 Streifen spielt er mit allen großen Schauspielern; im Komikerduo mit **Paul Hörbiger** oder **Theo Lingen** schreibt er **Filmgeschichte**.

Schwarze Lagune

Manche Redner im Parlament haben auch in den 50ern ihre "Stammthemen." Wann immer der ÖVP-Abgeordnete Franz Krippner, der eine Lebensmittelgroßhandlung in Kagran, unweit der Alten Donau, besitzt und deshalb der "Lagunengreißler" genannt wird, im Parlament das Wort ergreift, ist es klar, daß er gleich gegen die **USIA-Betriebe** wettern wird (in diesen verkaufte bekanntlich die sowjetische Besatzungsmacht, ohne Steuern zu zahlen, Waren aller Art und fügte damit dem heimischen Handel erheblichen Schaden zu).
Einmal, als Krippner wiederum ans Rednerpult tritt, ruft ihm, noch ehe er beginnt, der KPÖ-Abgeordnete Franz Honner zu: "Wissen's was? Schrei'n S' dreimal USIA und setzen S' Ihnen wieder nieder!"

Rollkommando mit Hammer und Sichel

Ende September beginnt eine **kommunistischen Streikbewegung** gegen das vierte Lohn- und Preisabkommen. Der Streik nimmt besonders in Wien die Form eines Putschversuches an; rund 120.000 Arbeiter (40.000 aus **USIA-Betrieben**) sind im Ausstand.
Bundeskanzler Leopold Figl richtet einen Appell an die Bevölkerung, sich durch diese "Hetze nicht irritieren zu lassen" und die Treue zu Österreich zu bewahren.
Anfang Oktober dann der Höhepunkt der durch die **Sowjet-Besatzungsmacht** unterstützten Streikbewegung: In Wien streiken 145 Betriebe.
Rollkommandos blockieren Straßen und Plätze. Lastwagen von USIA-Betrieben laden Sand und Schotter auf Strassen und Straßenbahnschienen ab; Stra-

ßenbahnweichen werden mit Beton ausgegossen; Straßenbahnen, Autos und Autobusse werden umgeworfen. Einsatztrupps, die auf Lastwagen mit russischem Kennzeichen hertransportiert worden waren, besetzen die Hauptpost und die Telefonzentrale der **Rax-Werke** (ebenfalls ein USIA-Betrieb) in Wr. Neustadt.
Auch in einigen Industrieorten Oberösterreichs, besonders bei den **VÖEST**-Werken in Linz (Bild li. unten), flammt die **Streikbewegung** wieder auf.
Franz Olah, der Führer der **Bauarbeitergewerkschaft**, tritt mit seinen Leuten den Rollkommandos entgegen, die nach einigen Stunden die Straßenbahnhöfe Kagran, Vorgarten und Favoriten räumen müssen.

Das Duell

17. September, strömender Regen – 55.000 Zuschauer, durchnäßt bis auf die Haut, beobachten im noch ungedeckten Wiener Stadion das Meisterschaftsspiel **Austria gegen Rapid**. Der traditionelle Schlagabtausch zwischen '**Violett**' und '**Grün-Weiss**' – seit 1911 spielen die Klubs um die Meisterschaftpunkte.
Rapid, mitten aus einer internen Klubkrise in den Schlager gegen den „Erzfeind" gezogen, führt nach zehn Minuten bereits 2:0.

Die Austrianer geben nicht auf. Es steht bald 1:3, dann 2:3, 3:3, schließlich sogar 4:3 für die Violetten in der Halbzeit, trotz eines vergebenen Elfmeters von Austrias Mittelstürmer Dolfi Huber. Nach der Pause der Ausgleich; kurz darauf schießen die Austrianer das 5:4. Rapid kontert. Der Endstand schließlich 7:5 für Rapid!

"**Das Derby des Jahrhundert**s" titeln die Blätter am Morgen danach. Und zigtausend wieder trockengelegte Fans pflichten ihnen bei.

Das Jahr 1950 in Deutschland

Wirtschaftswunder und Wiederbewaffnung. Der Westen verliert den Bezug; der Osten bekommt dafür ein Stasigesetz.

Bundeswirtschaftsminister Erhard konzipiert das Modell der **Freien Marktwirtschaft**.
Die **Rationierung** von Lebensmitteln wird in Westdeutschland endlich aufgehoben, zuletzt gibt es nur noch Zucker über **Bezugsschein**karten.
Es gibt mehr als zwei Millionen **Arbeitslose** in der BRD; die erste **Volkszählung** nach dem Krieg ergibt 47 Millionen Bürger.

In Westdeutschland beginnt das **Wirtschaftswunder.**
Der staatsrechtliche Aufbau der Bundesrepublik Deutschland geht in diesem Jahr über die Bühne.

In der DDR wird Anfang Februar das "**Stasi**"-**Gesetz** über die Bildung eines

Ministeriums für Staatssicherheit (MfS) erlassen. Außerdem bietet sie der BRD "gesamtdeutsche Gespräche" an, um der drohenden **Wiederbewaffnung** zu begegnen.

Walter **Ulbricht** wird Erster Sekretär des ZK Zentralkomitees der SED und damit Parteiführer. Die DDR wird in den von der UdSSR kontrollierten „Rat für gegenseitige Wirtschaftshilfe" aufgenommen und fixiert einseitig die Oder-Neiße-Grenze gegen Polen.

VW baut 90.000, **Daimler Benz** 33.000 Autos.
Die **ARD** wird gegründet; das NWDR-Fernsehen geht in den Versuchsbetrieb.

Das Radio wird aufgedreht

Erstmals werden **UKW-Radio**empfänger serienmäßig hergestellt. Als erste europäische Firma fertigt der Radio-Vertrieb Fürth RVF, Meister & Co. (später **"Grundig"**) UKW-Radioempfänger (z.B. den "Grundig Weltklang-Super mit 6 Kreisen und 4 Röhren") in großer Stückzahl.

Für viele europäische Länder wird 1950 der "**Kopenhagener Wellenplan**" aktuell, der eine Frequenzabgrenzung für Rundfunksender darstellt und die allgemeine Einführung von UKW-Sendern vorsieht.

Max Grundig reagiert sofort.
Schon Anfang 1950 bringt er ein Gerät auf den Markt, das mit jedem Mittelwellenradio den UKW-Empfang ermöglicht.
Im Juni schon steht der erste vollwertige UKW-Empfänger zur Verfügung.

Und was kochen wir heute?

Gefüllte Kohlkugeln

30 dkg Schweinefleisch, faschiert, 2 große Kohlköpfe, 10 dkg Pilze, gehackt, 3 Eßlöffel Thea, 2 Semmeln, in Milch eingeweicht, 1 Ei, 1 große Zwiebel, gehackt, Salz, Pfeffer, Kümmel, Petersilie, Suppe zum Aufgießen, 1 kleine Serviette zum Formen der Kugeln.

1. Das Faschierte mit den ausgedrückten Semmeln, Ei, Salz und Gewürzen weich anrühren. Die Kohlblätter 10 Minuten in siedendem Wasser ziehen, dann abtropfen lassen. Zwiebel, Pilze und Petersilie in heißer Thea kurz dünsten.

2. Auf eine feuchte Serviette je Kugel 3 bis 4 große Kohlblätter gekreuzt auflegen, kleinere darauf, salzen, pfeffern, die gedünsteten Pilze aufstreichen, mit Faschiertem belegen. – Die Blätter übereinanderschlagen, Serviettenzipfel oben zusammenfassen und durch leichtes Eindrehen eine Kugel formen.

3. Die Kohlkugeln in Thea anrösten, Suppe zugießen, im Rohr eine 3/4 Stunde bei Mittelhitze braten. **Sie brauchen 5/4 Stunden.** (Aus „Jeden Tag gut essen" von Thea)

 # 1951

Warten auf das Wirtschaftswunder...

Das Jahr 1951 und die Welt

Die Amerikaner schließen Frieden mit der aufgehenden Sonne und bauen den ersten Atomreaktor; ansonsten heißt es überall "Endstation Sehnsucht" – außer für den Schah von Persien

In Korea kämpfen sich die von der UNO sanktionierten Amerikaner mit ihren Verbündeten verbissen Richtung 38. Breitengrad vor, wo das Kriegsgeschehen ab Frühjahr zu einem verlustreichen **Stellungskrieg** erstarrt. Im April wird MacArthur, der offen für einen Atomschlag gegen China plädiert, abgelöst: **US-Präsident Truman**, aber auch die UdSSR favorisieren Waffenstillstands-Verhandlungen, die sich jedoch an Formalitäten festbeißen. Die UNO verurteilt China als Aggressor im Korea-Krieg.

Belgien, BRD, Frankreich, Italien, Luxemburg und die Niederlande unterzeichnen den Vertrag über die **Europäische Gemeinschaft** für Kohle und Stahl, eine Vorstufe der von Schuman initiierten **Einigung Europas**.

In Belgien muß **König Leopold III.** abdanken, weil ihm die Bevölkerung verfrühte Kapitulation vor der deutschen Invasion im Mai 1940 vorwirft; sein Sohn Baudouin I. folgt auf den Thron.

Die USA unterzeichnen mit Japan und weiteren 47 Staaten (außer der UdSSR, der BRD und der DDR) einen **Friedensvertrag**. Die USA erhalten das Recht, Militärstützpunkte in Japan zu unterhalten.

In Arco im US-Bundesstaat Idaho wird der erste stromerzeugende **Kernreaktor** ans Stromnetz geschaltet. Er erzeugt neben Energie auch mehr Kernbrennstoff, als er selbst verbraucht.
In den USA sendet die Station **CBS** die ersten Farbfernsehsendungen aus.
Die **Servolenkung** für Autos wird eingeführt.
An der Harvard Universität werkt der Großrechner "MARK III", entwickelt vom **Mathematiker Howard H. Aiken**. Bei einer Taktfrequenz von 28 kHz benötigt MARK III für eine Addition vier, für eine Multiplikation zwölf Millisekunden.

In den Kinos läuft **"Endstation Sehnsucht"** mit Vivien Leigh u. Marlon Brando.

In Teheran heiratet **Schah Reza Pahlewi** in zweiter Ehe die knapp 18jährige deutschstämmige **Prinzessin Soraya** – ein Fressen für die **Boulevardpresse**.

Marc Chagall malt den „König David", **Rolf Nesch** „Die Irre von Chaillot".

It's a video life

Charles Ginsburg entwickelt im Auftrag der Firma Ampex den **Videorecorder**, ein Gerät für die magnetische Aufzeichnung von Bild- und Tonsignalen.

Auf den Markt kommen derartige Bildaufzeichnungsgeräte etwa fünf Jahre später – unter der Typenbezeichnung "BK 100" bringt die deutsche Elektrofirma Grundig in Nürnberg in den 50er Jahren den ersten deutschen Videorecorder heraus.

Schwarzes Gold

Die **transarabische Pipeline** geht in Betrieb, die arabische Ölquellen am Persischen Golf mit dem Mittelmeer verbindet. Die Rohrleitung von knapp 1 m Durchmesser geht über mehr als 1800 km (zum größten Teil überirdisch) diagonal durch den Nordosten der Wüstenhalbinsel. Das Öl bewegt sich darin mit einer Fließgeschwindigkeit von etwa 3m/sec.

La Paloma

1951 malt **Pablo Picasso „Paloma"**, seine Tochter, und die **„Sitzende Frau mit Haarknoten."** Der spanische Bildhauer begründete mit seinem Gemälde „Les Demoiselles d'Avignon" 1907 den Kubismus. Ab 1912 verwendet er nur noch bedeutungsfreie Form- und Farbelemente. Es entstehen die sogenannten Papiers collés – Collagen, bei denen Picasso z.B. bemaltes Papier und Zeitungsschnipsel auf die Leinwand klebt und in die Komposition einbaut. Das Werk von Picasso umfaßt mehr als 15.000 Bilder.

Frank Elstner:
Picasso war das Jahrhundertgenie schlechthin – wurde damals bei uns ein bißchen runtergemacht, damit in der Kunsterziehung nicht immer nur über ein Genie geredet wurde. Die Lehrer haben ihn fast ein bißchen schlecht gemacht, indem sie gesagt haben, er würde zur Zeit zu viele Tauben malen und so viel machen, was eigentlich nicht mehr so viel mit seiner richtigen Malerei zu tun hat. Das war die Zeit, wo er auch viel in Keramik gearbeitet hat, also – er hatte es damals schwer, von den Kunsterziehern mit in den Kunstunterricht einbezogen zu werden, die hielten ihn damals noch nicht für das Genie, für das man ihn heute hält.

Nadja Tiller:
Picasso fand man das Größte. Mir hat er auch sehr gut gefallen.

Doch Picassos Art Kunst ist trotz aller Popularität offenbar doch nicht jedermanns Sache...

Otto:
Picasso? Hat mir nie gefallen, aber wenn ich einen hätte, dann wär ich jetzt froh... (Alle lachen)

Heidi:
Also mir hat das auch nie gefallen - obwohl ich ja dann einmal gesehen hab, der kann ja ganz normal malen auch, wunderschön sogar! Das war ein Wahn-

sinn für mich! Wer überhaupt solche Bilder aufhängen kann, hab ich mich gefragt. Naja, die ganze moderne Malerei ist für mich ein Albtraum...

Norbert:

Ich hab mir gedacht, wenn der Picasso das macht und er findet so Dumme, die ihm das Zeug um viele Millionen abkaufen, dann hat er es ja trotzdem richtig gemacht. Mir hat das jedenfalls nie gefallen. Warum muß einer so malen, dass man erst ewig überlegen muß, was das wohl sein könnte ?

Leopoldine:

Da hat es am Anfang geheißen, "der ist ja verrückt, was der zeichnet.. schaut's euch einmal die gemalte Frau an, die hat am Bauch das Auge und die Nase hat's am Kopf und den Busen hinten ..." Also am Anfang hat man eigentlich mit dem Picasso nichts anfangen können.

Gestorben sind

Autobauer Ferdinand **Porsche** sen.; Komponist und **Entwickler der Zwölftontechnik Arnold Schönberg**; Chirurg und **Erfinder Ferdinand Sauerbruch**, **Philosoph Ludwig Wittgenstein**; Kronprinz Wilhelm von Preußen.

Das Jahr 1951 in Österreich

Zum Kinderdorf kommt eine Strudlhofstiege. Es gibt kein Fleisch am Dienstag, dafür zuviel davon im Kino.

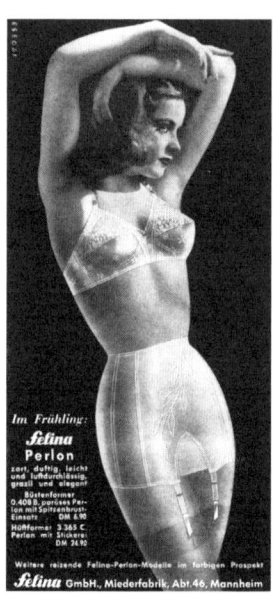

Das erste **SOS-Kinderdorf** wird in Imst (Tirol) eröffnet (die Idee dazu stammt vom Vorarlberger Hermann Gmeiner). In Wien finden zum ersten Mal die Wiener Festwochen statt.
Die **Bundesbahnstrecke Linz-Amstetten** wird elektrisch in Betrieb genommen.

Wegen Verknappung auf dem Fleischmarkt beschließt das Wirtschaftdirektorium die Einführung von zwei fleischlosen Tagen pro Woche, nämlich Dienstag und Freitag.
Heimito von Doderers Roman "**Die Strudlhofstiege**" erscheint.
Österreich hat laut **Volkszählung** 6,881.000 Einwohner.

Und ein Paar **Nylonstrümpfe** kosten immerhin 30 Schilling (2,2 Euro), sechsmal soviel wie kunstseidene Hausstrümpfe.

Nylon

Die fünfziger Jahre sind der Beginn des **Plastik-Zeitalter**s. Neue Materialien wie **Nylon**, **Perlon** und der eben auf den Markt gekommene **Schaumstoff** entwickelten sich zu den neuen Leitprodukten dieser Jahre. Wäsche, Schürzen, Schirme, Taschen, Schuhe, Gürtel, Mäntel und vieles andere werden aus den neuen "**Wunderstoffen**" gefertigt. Und auch Gummi ist gleichermaßen beliebt bei Produzenten wie Konsumenten ...

Eine Strumpfreklame anno 1951:

"Jung mit fünfzig. Unsere charmanten Großmütter, die sich noch zierten und schnürten und lange Schleppkleider trugen, schienen mit fünfzig dennoch unweigerlich alte Damen zu sein. Seit die Mode den Blick auf das Bein freigab, wurde die Frau um zwanzig Jahre jünger. Unbestechliche Richter mußten erkennen, daß keineswegs die Allerjüngsten immer auch die allerschönsten Beine besitzen."

Aus der "Tröpferlbad der Gefühle"- Show mit Strobl & Sokal:

„Diese Zeit war auch die Blütezeit von Gummiartikeln, sowohl für den Haushalt, als auch in der Mode oder als unverzichtbare Kleidung unterhalb der Außenkleidung. Ich erinnere nur an die Gummischürzen, die damals in den sogenannten Waschküchen hingen. Krankenschwestern trugen zu 90% die schönen, grauen Kleppergummimäntel mit der etwas größeren Schwesternkapuze, damit das Schwesternhäubchen unterhalb Platz hatte. Schön anzusehen waren auch die Motorradfahrer und die Frauen auf dem Soziussitz, die damals aufwendig gearbeitete Gummianzüge trugen.

Damen trugen ästhetisch und modisch schön anzusehende Gummischuhe und Gummistiefel mit Absatz, in die Frauen aber mit ihren Schuhen hineinsteigen konnten, im Büro oder im Theater zogen sie diese Gummischuhe oder Stiefel aus und hatten trotz Regenwetters trockene Schuhe. Für Männer gab es auch sehr schöne Gummiüberschuhe.

Zuhause gab es Gummitücher, die im Bett verwendet wurden, Gummihosen für die Frauen, wenn sie die Tage hatten, auch Gummimieder und Gummiartikel zum Abnehmen geeignet gehörten in den Kleiderschrank, an der Garderobe hingen immer Gummipelerinen, Gummiumhänge und Gummimäntel für die Kinder und die Erwachsenen, raffiniert waren auch die Gummigamaschen, die zu den Kleppermänteln gehörten, sie waren auch schön geschnitten und schützten die Hosen der Männer und die Nylonstrümpfe der Damen bei stärkerem Regen, nach dem Regen konnte man sie klein zusammenfalten und die Kleidung machte immer einen schönen Eindruck, alles Dinge, die es heute nicht mehr gibt.

Wärmeflaschen aus Gummi gehörten zum Standard eines Haushalts, genauso wie echte Gummihandschuhe und Gummimanschetten, die Hausfrauen gerne über ihre Unterarme stülpten, um die Ärmeln zu schonen. In der Handtasche einer Frau befand sich auch immer ein klein zusammenlegbarer Gummikragen mit Kapuze für regnerische, heiße Sommertage, es waren keine üblichen Regenkapuzen, die bis an den Hals reichten, sondern Gummikapuzen, die im Auslauf noch eingearbeitete Schultern hatten und beim Tragen die Brust und das Gesicht bedeckten, dadurch waren die Damen auch gegen Wind und Wetter geschützt und so wurde auch sinnvoll gegen Erkältungen vorgebeugt."

Die Nylonstrümpfe, zunächst nur am **Schwarzmarkt** erhältlich und kaum erschwinglich, wecken erst das Begehren der Frauen und dann das der Männer.

Die Wiener Illustrierte schrieb dazu im November 1951:

"Alles aus Nylon ist das Losungswort unserer Zeit. Hier ein paar nette Dinge, die Freude machen. Nylongegenstände haben den unschätzbaren Vorzug, immer sauber und reinlich auszusehen. Durchsichtige Bürsten, abwaschbare Plastikstoffe, Wäsche, die nur in lauwarmem Wasser durchgespült werden braucht, um bald wieder unverknittert und appetitlich gebrauchsfertig zu sein, das sind die Gaben, die uns Du Pont mit der Erfindung der synthetischen Faser bescherte. Es hat zehn Jahre gedauert und 27 Millionen Dollar gekostet, bis Nylon soweit war, daß die Produktion starten konnte. Nur zögernd folgte anfangs das alte Europa. Seine Jugend allerdings ist seit dem Ende des zweiten Weltkrieges mit fliegenden Fahnen zu diesem reinlichen, glatten, außerordentlich vielfältig verwendbaren Material übergegangen.
Nylonstrümpfe sind auch im kleinsten europäischen Dorf heute ein Begriff und viele Dinge des täglichen Gebrauchs, von denen wir es häufig gar nicht wissen, sind bereits aus Nylon.
Vielleicht wird man unsere Zeit einst das **Atomzeitalter** nennen. Bestimmt aber wird ein Abschnitt der Geschichte unserer Tage mit dem Wort Nylon überschrieben sein, das ebenso international ist, wie das Material selbst und das in vielen Ländern des Nahen Ostens als Bezeichnung moderner westlicher Lebensart schlechthin dient.
Für Österreichs Industrie ist auf diesem Gebiet so gut wie alles noch zu entdecken, allein unter Anwendung modernster Produktionsmethoden werden der Geschmack und das Können unserer Arbeiter sich auch dieses Material zu eigen machen, und eines Tages wird es vielleicht auch einen typisch wienerischen 'Nylon-Stil' geben."

Gerda:
Ich war zwar sehr modebewußt, aber Strümpfe ... Ich habe eher nur Wollstrümpfe getragen. Die weiten Röcke und Stöckelschuhe, das war ja im Sommer, da hatte man keine Strümpfe. Ich hatte zu diesen Röcken auch sehr gern Ballerina-Schuhe an, wie die **Brigitte Bardot** – ich hab zwar nicht so ausgeschaut, aber gekleidet hab ich mich schon gerne so ... Und dann, im Winter, natürlich hatte man da Strümpfe. Einmal hab ich sogar von meinem Vater eine Strumpfhose gekriegt, das war aber schon außergewöhnlich! Also Nylonstrümpfe waren wirklich eine Besonderheit.
Es gab **Repassierwerkstätten** – wenn man eine Laufmasche hatte, wurden die Strümpfe nicht einfach weggeworfen wie heute.

Bei den **Nylonhemden** hingegen scheiden sich die Geister. Die Erinnerung an die schweißtreibende Ware läßt so manchen Zeitzeugen noch heute schaudern, während anderen die Pflegeleichtigkeit noch gut in Erinnerung ist.

Peter Kraus:
Also ich fand die Dinger äußerst praktisch. Vor allem in der Zeit, wo ich von einem Auftritt zum andern fuhr. Einfach waschen, aufhängen – trocken, fertig.

Otto:
Ja, das glaube ich schon, bei so einem Streß – aber wir haben das nicht gebraucht, wir haben uns halt umgezogen...

Norbert:
Ich hab es nie gern getragen, somit war das für mich kein Thema.

Heidi:
Also ich hab schon so etwas gehabt – Perlonblusen und Perlonhemden, das haben wir schon angezogen.

Nadja Tiller:
Die fand ich immer schrecklich! Auch wenn sie so wahnsinnig praktisch waren, man konnte sie in der Badewanne auswaschen und naß auf den Bügel hängen – es gab ja auch Perlon-Nachthemden.

Frank Elstner:
Perlon-Hemden – furchtbar! Weil jede Mutter dachte, wenn ich dem Kind ein Perlonhemd schenke, muss ich nicht mehr bügeln...
Diese bügelfreie Welle hat vielleicht geholfen, daß ein paar Mütter weniger Zeit für die Aufbereitung der Wäsche brauchten, aber ich denke, diese Hemden muss jemand erfunden haben, der Deo-Hersteller war...
Weil man in diesen Hemden so schnell gestunken hat, also das war der Angriff der **Deo-Hersteller** auf den Weltmarkt.

Einen echten Herzog am Hals

Zum Nyltesthemd gehört der damals modern gewordene **Windsor-Knoten**. Er gilt als eine Erfindung des Herzogs von Windsor, einer zu dieser Zeit berühmten Illustrierten-Figur.
Nach den in Krawattengeschäften erhältlichen Bindeanleitungen übt jeder Mann, der zeitgemäß sein will, die neue Art, seinen **Selbstbinder** zu knoten.

Der neue symmetrische Knoten gilt als besonders flott im Gegensatz zum althergebrachten, einfach geschlungenen Krawattenknoten, der bald nur mehr "**Blutwurstknoten**" genannt wird.

Norbert:
Windsor ... wie?

Leopoldine:
Der amerikanische Knopf, weißt eh ...

Norbert:
Ah ja, der! Da sind wir trainieren gegangen, als wir junge Leute waren, zu einem Amerikaner. Der hat in Mauerbach gewohnt und der hat immer so einen korrekten Knoten gehabt, so einen Super-Knoten. Der hat uns gezeigt, wie man das macht, daß er so schön dreieckig wird – so mach' ich das heute noch, wenn ich eine Krawatte trage.

Heidi: (zu ihrem Mann Otto gewandt)
Kannst du das, einen Windsor-Knoten? Das hab ich gar nicht gewusst, daß der Windsor-Knoten heißt ...

Otto:
Ich hab ja fast nie eine Krawatte getragen – und anfangs hab ihn gar nicht aufgemacht, sondern nur so weit heruntergezogen, daß ich die Krawatte über den Kopf gebracht habe – damit ich ihn dann beim nächsten Mal wieder schön hab, den Knoten. Schön langsam hab ich mir den Knoten dann angewöhnt. Ich könnte keinen anderen Knoten! Bei jemand anderem kann ich es auch nicht, nur wenn ich die Krawatte selbst um den Hals lege und binde.

Norbert:
Wenn unser Enkerl ins Theater geht, dann sagt er "Opa, mach mir doch so einen Ami-Knopf", dann muß ich den auch bei mir binden. Das muß dann eine ziemlich lange Krawatte sein, damit ich die Schlinge über meinen Riesenschädel bring ... und dann zieht er sich die Schlinge über und zieht sie zusammen.

Leopoldine:
Gibt's es denn heute auch noch andere Knoten? Ich hab ja eine Zeitlang selber sehr gerne Krawatten getragen, aber ich kann nur den einfachen Knoten, den amerikanischen kann ich nicht.

Norbert:
Der ist halt symmetrischer ...

Otto:
... da muß man ja nur zweimal mehr herumwickeln...

Frank Elstner:
Der Windsor-Knoten war ein ganz dämlicher, kompliziert zu bindender Krawattenknoten von den Engländern – weil halt ein Herzog von Windsor oder so den so gebunden hat, gehörte das damals zum Repertoire, das lernte ein Vater seinem Sohn. Glücklicherweise hatte ich einen Schauspielervater, der sich sehr oft umziehen mußte, deshalb lernte ich den Schauspielerknoten, der hat eine Schlinge weniger, geht doppelt so schnell und sieht genauso aus.

Und was fällt unseren Zeitzeugen zum Stichwort „**Baby Dolls**" ein?

Gerda:
Das waren die neckischen Nachthemden! "Leicht und luftig". Natürlich habe ich so etwas auch gehabt. Das war ein kurzes Höschen und darüber ein kurzes Hemderl – so wie ein Kleidchen. Wer mit der Mode ging, der hatte so etwas. Ein Sommernachtgewand war das.

Leopoldine:
Baby-Doll war toll – sobald man schöne Beine gehabt hat... Ich hab die ja eigentlich nie gehabt, hab es aber trotzdem getragen. So ein gelbes mit weissen Spitzen... Natürlich hat man sowas gehabt, wir waren 20 Jahre alt, verliebt und jung verheiratet, ist doch ganz klar!

Heidi:
Das Hemderl war ganz kurz, und da hat das Hoserl mit den Rüschen drauf dann hervorgeschaut – also das Hemderl ging bis zur Hüfte (kurze Diskussion über die Länge), na gut, also es ging bis über den Popo ...

Norbert:
Baby Doll? Sehr interessant für uns 20jährige Burschen – wir waren hochbegeistert, war eine schöne Sache!

Peter Kraus:
Das kam mit dem ersten Film und hat ein Knistern hineingebracht oder auch eine gewisse Erotik, wobei ich trotzdem sagen muß, es ist nicht ganz so, wie das heute aussieht. Heute stellt man es so hin, als ob ... damals jemand im Baby-Doll auf-

Die Frühreifen

getaucht ist und das dann schon die ganze Erotik war.

Ich glaube, daß die Erotik und das sexuelle Leben damals, zumindest in den Kreisen, wo ich war, nicht viel anders war als heute. Es war nur nach außen hin so prüde aufgezogen, was auch wieder mit den Anstandsbüchern, die es damals gab, zusammenhängt. Baby-Doll finde ich auch heute noch interessanter und schicker als ein nahezu nacktes Mädchen, das nur noch irgendein Stoffrestchen anhat!

Frank Elstner:
Ich kann mich noch gut daran erinnern, daß meine Mutter eines Tages nach Hause kam und zu meinem Alten sagte: "Heute hab ich mir ein tolles Nachthemd gekauft, du wirst staunen". Dann führte sie uns allen dieses rosa Baby-Doll vor und wir haben uns totgelacht.

Die Jean des Schlossers

Von der Nacht-Unterwäsche zur Tages-Beinkleidung: Die **Jeans**! Im Kielwasser der US-Besatzungstruppen und auf den **Kinoleinwänden** nach Europa gekommen, können sich diese strapazierbaren Hosen bei uns allmählich durchsetzen.

Peter Kraus:
Blue Jeans war in der damaligen Zeit nicht Blue Jeans, sondern **Levi's**, also die echte Blue Jeans, und wer die hatte, der mußte Kontakte haben zu den Amerikanern, so wie ich oder meine Freunde. Die Spezialisten sahen natürlich sofort, ob das eine nachgemachte ist – ich hab mich gar nicht dafür interessiert, wo die herkamen oder wie.
Eine echte Blue Jean mußte von einem Amerikaner gekauft sein und die mußte man haben, sonst war man nicht dabei! Damals haben zum "In sein" wirklich die Blue Jeans, die Baseballschuhe und das T-Shirt genügt – und vielleicht noch die Dose Cola in der Hand.

Frank Elstner:
Das geht eigentlich schon mehr in die 60er-Jahre rein, als dann auch noch Conny von den "Blue-Jeans-Boys" gesungen hat. Das fing dann einfach an, die praktischste Hose zu werden.
Im Gegensatz zu den schrecklichen Nyltest-Hemden war das eben wirklich ein gutes Produkt.

Gerda:
Die habe ich eigentlich nicht getragen. Ich hatte so gern die in der Taille ganz engen Röcke, die dann sehr weit geschnitten waren, mit **Petticoats**. Und **Stöckelschuhe**. Hosen habe ich auch getragen, **Pepitamuster** (Hahnentritt, schwarz-weiß-kariert), dazu schwarz-weiße Rock 'n' Roll-Schuhe und einen schwarzen Anorak mit weißem Innenfutter in der Kapuze und ein schwarzes **Hütchen**. Die Hose war schmal geschnitten, **Fischerhose** hat man da gesagt, die war nicht hauteng, aber sehr schmal geschnitten.
Mein Mann Hans hat eine Jean gehabt – aber zum Tanzen hatte jedenfalls

niemand Jeans an, und schon gar nicht ins Theater oder so. Das war eher **Freizeitkleidung**, bzw. sogar **Arbeitskleidung** – weil das ja die Cowboys angehabt haben zum Arbeiten. Früher hatte man ja eine Arbeitskleidung und eine **Sonntagskleidung**. Das war sehr differenziert, man hatte schönes Gewand zum Fortgehen und das Arbeitsgewand.

Leopoldine:
Blue Jeans war damals äußerst selten – da hat man noch gesagt "die Jeani-Hosn", das haben hauptsächlich die ganz Jungen getragen. Und nur Burschen, ein Mädchen hat das nicht getragen. Damals hat man als Mädchen lange Hosen überhaupt nur zum Sport – oder wie wir beim Motorrad fahren – also da hat man sie getragen oder zum Schifahren, aber sonst gar nicht.

Otto:
Blue Jeans haben uns damals nicht gefallen. Heute tragen wir nur mehr die! Kann schon sein, daß das in der **"Zone der Amerikaner"** (Besatzungszone; Anm.), anders war, aber hier bei uns war das nicht modern.

„In der Ami-Zone war alles anders...": Zonenwechsel in Linz (OÖ)

Norbert:
Damals hat es in Gablitz ein bekanntes **Tanzlokal** gegeben, da kamen auch Wiener hin. Und da haben wir das erste Mal gesehen, das jemand tanzen ging mit einer Jean! Mit einer blauen Jean, da hab ich zu meiner Frau gesagt: "Schau dir das an, der geht mit einem Schlosserg'wand tanzen!"

Leopoldine:
Ich hab die Jean in den Fünfzigern eigentlich nur bewußt am **James Dean** wahrgenommen.

Nadja Tiller:
Blue Jeans habe ich damals nie getragen, erst in den letzten Jahren eigentlich. Ich war damals sehr auf Seide fixiert, trug nur Kleider und Röcke, keine Hosen – auch nicht aus anderem Stoff.

Der Dealer

Also die Jeans haben sich vielleicht nicht überall gleichermaßen durchgesetzt. Wie aber sieht es mit dem **Kaugummi** aus? Das Bild des „**Wrigley**"-kauenden **G.I.** aus den einschlägigen Filmen ist doch heute noch immer allgegenwärtig?

Otto:
Mit einem Kaugummi ist man sich vorgekommen wie ein Amerikaner. Wie oft hab ich das gesehen, die Amerikaner mit ihren Kaugummis. Für uns waren halt die Amerikaner der Inbegriff von einem Menschen, das nutzt nichts! Die sind gekommen, haben das Auftreten gehabt, wie die Cowboys, mit den Colts umgehängt – für uns war das toll!

Norbert:
Ja, in den 50ern war der Kaugummi was unglaublich Begehrtes. Nicht nur weil die Besatzungsmächte gekommen sind, also da wurde ein **Schleichhandel** betrieben! Wir Buben hatten da so einen "Dealer", der hat eine kleine Greißlerei (Lebensmittelgeschäft; Anm.) betrieben in Wien, dem haben wir ein bisserl was bezahlt, dann hat er uns zum Wochenende immer Kaugummi gebracht. Da hat es den **Peppermint** gegeben und den anderen, wie heißt der noch, (Leopoldine: "Spearmint"), **Spearmint**, ja. Übrigens – jeder hat uns nicht geschmeckt.

Heidi:
Ich hab eigentlich für Kaugummi damals weniger als heute übrig gehabt, weil satt bin ich nicht geworden davon. Und nur damit ich kauen kann...

Norbert:
Aber wenn du in den 50ern nicht gekaut hast, warst du nicht "in!"

Otto:
Wir haben dann oft einen zweiten dazugegeben, einen dritten auch noch!

Leopoldine:
Um den Kaugummi hab ich mich nicht sehr gerissen. Eine Zeit lang hat es bei uns geheißen: "Schau dir den **Schlurf** an, wie der Kaugummi kaut..."

Peter Kraus:
Kaugummi war für mich wie Zigaretten. Das hat bei den meisten Jugendlichen irgendwie zum Image dazugehört. Bei mir nicht, ich bin eigentlich immer gegen den Strom geschwommen – genauso, wie ich mir auch nie das Rauchen angewöhnt hab, aus dieser Vorbildfunktion heraus. Kaugummi fand ich eigentlich abschreckend, die Art, Kaugummi zu kauen, also grad die '**Schlurfs**' hat man glaub ich in Wien gsagt – unangenehm, mit offenem Mund herumzumalmen, fand ich eigentlich schrecklich! Und dann die **Bubble-gum**-Mode, mit diesen großen Blasen, wenn's die dann zerrissen hat, dann hatte man das Zeug auf der Nase und im Aug, das war eine scheußliche Mode.

Frank Elstner:
War für viele ein absolutes "Must". Ich habe meine ersten Kaugummis

geschenkt bekommen, als ich mit der Luftbrücke ausgeflogen bin aus Berlin nach Braunschweig in einem amerikanischen Transportflugzeug, so einer "Trans all", da haben sie mir Kaugummi geschenkt. Ich bin aber nie ein Riesen-Kaugummikauer geworden, denn wenn er mir nicht mehr geschmeckt hat, wußte ich nie, wohin damit... Also, ich bin da sicher kein gutes Kaugummi-Beispiel.

Stragula trifft Hornitex

Kunststoffböden sind die ersten chemisch hergestellten Materialien, die in der Innenarchitektur verwendet werden. **Kunststoff-Fliesen**, Imitationen von Perserteppichen und nachgemachte Parkettböden aus Materialien mit den Namen "Stragula" und "Balatum" gelten als praktisch, modern und elegant.
Ebenso gibt es Plastik-Decken, welche die bis dahin gebräuchlichen Wachstücher auf den Küchentischen ablösen, Kunststoffbezüge für **Cocktailsessel** und andere Kleinmöbel.

Auch die neu entwickelten Schaumstoffe kommen dem Formempfinden der fünfziger Jahre sehr entgegen. Viele der für diese Zeit typischen Kreationen der Polstermöbelindustrie wären ohne diesen modernen Werkstoff überhaupt nicht vorstellbar.
Wie nun ein typischer, moderner 50er-Haushalt aussieht, hat Mag. Charlotte Gierlinger in ihrer Diplomarbeit über „Das **Frauenbild der 50er**" zusammengetragen:

- Anbauküche mit Hornitex-Belag und schwarzem Linoleum-Sockel
- Waschschüssel aus Stratoplast
- Kehrschaufel aus schlagfestem **Polystrol** und dazu ein Handbesen mit PVC-Borsten
- Haushaltseimer aus Hostalen
- Polsterstuhl mit Schaumstoffplatte und abwaschbarem Plastikbezug
- **Acella**-Übervorhänge
- Widerstandsfähige Plastik-Tischdecke
- Plastikbezogene Sitzbankauflage aus Schaumstoffplatten
- **Zuckerspender** aus **Klarsichtkunststoff**
- Teigrolle aus **Spritzguß**

- Eierbecher-Garnitur aus Trolitul
- Kaffeetassen aus Hochdruck-Polyäthylen
- Kunststoff-Butterdose aus Rosal
- Frühstückskörbchen aus Lupolen
- Blumenständer mit goldener, profilierter Plastik-Umrandung u. Hornitex-Belag
- Spritzguß-Vase mit
- abwaschbaren Plastik-Rosen
- Phonokoffer mit abwaschbarem Kunstleder-Bezug und eine
- Filmstar-Postkarte mit Kunststoffüberzug und eingeprägten Tonrillen.

Die Hausfrau sitzt beim Frühstück mit einer
- Trevira-Damenkombination mit halblangem Arm und trägt dazu
- "Tago"-Damenstrümpfe aus Cupresa.

Der Herr des Hauses trägt einen
- strapazierfähigen, einreihigen Diolen-Straßenanzug mit einem
- bügelfreien Perlon-Herrenoberhemd und dazu
- Herren-Halbschuhe mit Porokrepp -Laufsohle.

Die kleine Tochter ist eingekleidet mit einem
- Spielkleid aus Perlon mit einem
- "No Iron"-Kinderkragen aus Kunstseiden-Pique und
- Kindersocken aus Kräuselkrepp und darüber
- Kinder-Sandalen aus Plastik-Kunstleder mit Porogummi-Laufsohle.

Spielen darf das wohlerzogene Kind in der
- Spielzeug-Badewanne aus Weichplastik mit einem
- Baby-Badefisch oder -Entchen aus Zelluloid

Nierentisch & Co

Neben den neuen Werkstoffen bricht sich auch eine neue Art des **Design**s Bahn.
Wie schon zur Zeit der letzten **Wirtschaftskrise** in den 30er Jahren werden die Produkte wieder zunehmend stromlinienförmiger: Ob **Barmixer**, **Radioapparat**, Dosenöffner, Kochherde, Schriftzüge, Kugelschreiber, Bügeleisen, Sessel oder Tisch – all diese Objekte erhalten ein **dynamisches Äußeres**.

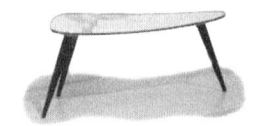

So eine Dynamisierung des Aussehens kann man in der Geschichte immer dann antreffen, wenn es der Wirtschaft besonders schlecht geht. Der **US-Stardesigner Henry Dreyfuss** wußte, wovon er sprach bei Gründung seiner Firma: "Die Industrie war in Nöten, die Kaufleute hatten Probleme, ihre statisch geformte Ware an den Mann zu bringen. Vielleicht kämen sie zu uns, um sich Rat zu holen."

Und er behielt recht; bald drückten sich die Fabrikanten die Klinke in die Hand, um sich von ihm und anderen Designern den Barmixer **tropfenförmig**, Eiszerkleinerer **windschnittig**, Papierkörbe modern, Rangierlokomotiven **aerodynamisch**, Tankstellendächer **schnittig** und Zapfsäulen inklusive SHELL-Firmenschild modern mit abgeschliffenen Ecken gestalten zu lassen.

Die neue "Zauberformel" wurde "**Redesign**" genannt und bedeutet nichts anderes, als bereits vorhandenen Gütern eine neue, dem Zeitgeist entsprechende Form zu geben.
Besonders geniale Ideen kommen aus Designstudios in Mailand, Turin, Kopenhagen, Stockholm, New York und Chicago, aber auch aus Paris, London und Ulm.
Der **italienische Futurismus** bringt den **utopischen Aspekt** in die **Formgebung** der Fünfziger Jahre ein: Gebrauchsgegenstände werden zu **Kultobjekten**.
Freistehende Fernsehröhren, Espressomaschinen wie Science-Fiction-Geräte, Möbel werden von **Repräsentationsobjekte**n zu **lebendigen Kunstwerken**.
Und aus Skandinavien holt man bei Möbeln, Lampen, Textilien und Glas eine über die Moderne der zwanziger Jahre weiterentwickelte **Wohnkultur**.
Die Importe aus den USA betreffen vor allem fortschrittliche Haus- und Küchentechnik und Gegenstände im Stil des "**organic design**", der das Gegenstück zum Rationalismus wird.
Noch heute erkennt man ein Möbel aus den Fünfziger Jahren auf Anhieb; der **Nierentisch** und die **Tütenlampe** gelten überhaupt als das **Jahrzehnt-Symbol** schlechthin.

Nadja Tiller:
Tütenlampen? Waren das diese Dinger, wo die Schirme so wie Tüten waren? Sowas haben wir auch gehabt, in unserer Wohnung in Berlin.

Norbert:
Der Nierentisch, das war der 50er-Jahre-Tisch. Ich bin damals als Tapezierer in viele Wohnungen gekommen, und ich glaube, jeder hat sich so einen zugelegt. Manchmal solche mit nur **drei Beinen**.

Heidi:
Wir haben natürlich auch einen gehabt; mit einer gemusterten Platte, schwarz mit Farben marmoriert.

Leopoldine:
Unserer war nicht ganz nierenförmig, sondern mehr oval. Der existiert sogar noch, den hat mein Sohn gehabt in seiner Wohnung, jetzt haben wir ihn wieder daheim. Tütenlampen haben wir auch gehabt, im Wohnzimmer.

Frank Elstner:
Der Nierentisch wurde später dann als wichtiges Accessoire der 50er gesehen, aber für mich ist das kein Möbel, das vom Design her Überlebenschancen in der Zukunft hat. Für mich ist das ein hässlicher Tisch, der mir schon damals nicht gefallen hat.

Nadja Tiller:
Nierentisch? Ja, um den ist man nicht herumgekommen.

Otto:
... im wahrsten Sinn des Wortes.

Gerda:
Das Design der Fünfziger, ja. Alles hat sich geändert, Geschirr, Kaffeetassen, Gläser – alles in anderen Farben, anderen Formen. Alles glatter, die Gläser waren nicht mehr so bauchig, einfach tod**chic**! "**Chic**" war übrigens auch so ein Wort damals. Es gab auch überall diese Hocker mit **Metallfüßen** und **Plüschsitzflächen**.

Peter Kraus:
Einen Nierentisch habe ich natürlich auch besessen. Die **Tütenlampen** hab' ich hingegen eigentlich fast nicht mehr sehen können. Im Kaffeehaus von meinem Vater waren sie ja überall montiert, zu Dutzenden, diese grauslichen Tütenlampen. Dabei, von der Grundidee waren die Lampen sehr toll, sie waren eigentlich so wie ein Scheinwerfer verstellbar und haben alles eingeleuchtet."

Während die verwendeten **Pastell-Farben** bei den Produkten ja eher zart wirken, greift man – vor allem was die Tapeten betrifft – bei den Mustern umso tiefer ins Extremfach...

Leopoldine:
Also wir als Tapezierer haben natürlich alles erlebt an extremen Tapetenmus-

tern. Ich muß aber sagen, unser erstes Schlafzimmer, das war auch hellgrün mit goldenen Ranken. Da hat es gebrannt, ein Zimmerbrand, und dann waren die Ranken schwarz, dann mußten wir neu tapezieren. Das nächste Muster, das ich mir ausgesucht hab, war metallisch glänzend, blauer Grund mit sehr großen Kreisen in verschiedenen Rot-Rosa-Tönen. Diese Tapete hat es abgestimmt gegeben, die Rückseite waren große Kreise, die andere Seite waren die kleinen Kreise. Das war schon eine extreme Tapete. Unsere Tochter hat ihr erstes Zimmer gekriegt im 58er-Jahr, da durfte sie sich die Tapete aussuchen, das war eine mit einem ganz breiten Blumenstreifen. Geschäftlich haben wir die wildesten Tapeten verarbeitet.

Norbert:
Also, nachdem ich vom Fach bin ... damals war der Trend, jede Wand anders zu gestalten. Eine gelb, die andere rot... Einmal ist eine Kundschaft zu mir gekommen, die wollte den Plafond schwarz haben. Das habe ich dazumals abgelehnt, weil Schwarz eine ganz heikle Sache ist.
Schwarze Tapeten gab es nicht, also hätte man den Plafond streichen müssen und da können dann oft Flecken auftauchen – wenn man es auch noch so präzise macht – und das ergibt dann Schattierungen. Da hab ich gesagt "Nein – da müssen sie sich einen Rauchfangkehrer holen, der kann das raufpicken..." Das war eben ein sehr exzentrischer Kunde, der wollte das haben, aber ich hab gesagt "Alles muß ich nicht machen."

Frank Elstner:
Extreme Tapetenmuster haben eine Rolle gespielt, das weiß ich – ich wurde sogar viel später einmal vom Verband der deutschen Tapetenhersteller um eine Veranstaltung gebeten, wo ich mich dazu äußern sollte. Aber da ich alles hasse, was großmustrig ist, hab ich das verdrängt.

Otto:
Wann ist das eigentlich losgegangen mit dem Tapezieren nach dem Krieg? Früher hat es doch immer geheißen: "Bist du wahnsinnig zu tapezieren – da hast du die Wanzen und die ganzen Viecher unter der Tapete!"

Leopoldine:
In den teuren Häusern ist schon immer tapeziert worden!

Otto:
Aber ich kann mich erinnern, daß das immer gesagt worden ist.

Norbert:
Naja – das haben aber immer nur die gesagt, die einen Vogel gehabt haben. Wenn man billige Tapeten gehabt hat, die sind so drei, vier Millimeter überlappt worden. Da hat es passieren können, daß eine Naht aufgeht, und da haben die Wanzen dann ihre Eier reingelegt – da haben manche Leute Angst gehabt davor. Später hat man dann die Tapeten an den Kanten gestoßen verarbeitet, dann hat es diese Angst nicht mehr gegeben.

Leopoldine:
Da hat's außerdem dann auch keine Wanzen mehr gegeben...

Norbert:
Früher haben die Tapezierer außerdem noch mit einem Mehlkleister gearbeitet, der hat nicht so die Klebkraft gehabt wie später der synthetische Kleber.

Heidi:
Dann ist noch das Manipulierpapier drunterkommen ...

Leopoldine und Norbert (unisono):
...MAKULATUR ...

Heidi:
... damit die gerade ist, die Wand.

Leopoldine:
Nein, damit es nicht so rauh ist...

Norbert:
Also erst hat man so eine Makulatur geklebt, dann ist mit einem Schleifpapier geschliffen worden, damit die Körnchen, die da vorstehen, nicht mehr stören – und da hat man dann die Tapete darübergeklebt.

Nadja Tiller:
Extreme Tapetenmuster? Das Thema hat mich nie betroffen.

Die Verführer

Die Reklame steht um 1950 vor einer neuen Situation. Die zerstörten Märkte müssen aufgebaut werden. Mit den amerikanischen Konsumgütern kommen auch amerikanische Verkaufsmethoden nach Europa.

Marktforschung nach verkaufsstrategischen Gesichtspunkten wird zur Aufgabe der Werbeagenturen.
Der Konsument muß sich Anfang der fünfziger Jahre erst an die **Verführungsmacht** der Reklame- und Warenwelt gewöhnen.
Die Jugend, der Autofahrer und die Hausfrau wurden als neue **Konsumentengruppen** entdeckt.

Übrigens, das erste **Wegwerfprodukt** ist das **Papiertaschentuch**; zunächst von **Kleenex**, dann von der Nürnberger

Firma **Tempo** auf den Markt gebracht.

Hellmuth Karasek schreibt dazu in „Go west!":

„Der Sieg über den Schnupfen war eines der ersten zu hochtönenden Versprechen der Werbung, die sich immer mehr in einer **Vorher-Nachher-Dynamik** bewegte - Tragödien mit Happyend. Vorher Schnupfen, dann Tempo ... oder bei Waschpulver: weiß, blütenweiß, schneeweiß, strahlend weiß, weißer als weiß und schließlich das weißeste Weiß / weißer gehts nicht... Das Problem der Werbung: wie überbiete ich einen **Superlativ** und wie den Superlativ eines Superlatives?"

Reklame mit den Worten von Pirron & Knapp:

BLITZO

Blitzo, Blitzo, Blitzo, Blitzo, ist die Sensation

Ist jemand unter ihnen der nicht weiß was Blitzo ist,
dann werden wir´s erklären, damit´s keiner mehr vergisst.
Mit Blitzo weicht man Wäsche ein mit Blitzo kocht man aus,
und jede Hausfrau hat ein Blitzo stets in ihrem Haus

Weil Blitzo reinigt Böden, Möbel, Fenster und Geschirr,
Bestecke, Gläser, Tafelsilber auch die Ofentür,
mit Blitzo ist das Leben einfach nur mehr ein Genuß,
im Nu ist jeder Fleck mit Blitzo weg, auch Staub und Ruß.

Das war jetzt nur eine Kleinigkeit
der Blitzoverwendungsmöglichkeit,
doch nun werden sie staunen ganz bestimmt
erfahren sie wozu man Blitzo außerdem noch nimmt.

Im Sommer wenn es heiß ist und die Sonne dich versengt,
dann gibt mit Wasser Blitzo dir ein köstliches Getränk,
und hast du gar im Winter dir erkältet deinen Bauch
gib´ Blitzo deinem heißen Tee, denn wärmen tut es auch.

Und klappt deine Verdauung nicht, dann mach dir nichts daraus,
nimm abends etwas Blitzo und am Morgen ist´s heraus,
und lassen dir darauf deine Gedärme keine Ruh
nimm jedenfalls von Blitzo, und es stopft dich wieder zu.

Mit Blitzo entfernt man jedes Haar;
als Haarwuchsmittel ist es wunderbar,
und man plombiert die, Zähne jetzt mit
Blitzo, Blitzo, Blitzo, Blitzo, daß es nur so blitzt.

Auch Blitzo leimt und klebt und pickt Papier und Holz nach Wahl.
Mit Blitzo betoniert man Fundamente, schweißt man Stahl.
Mit Blitzo löscht man Feuer, heizt man Öfen, bäckt man Brot,
und Wanzen, Fliegen, Mäuse macht das Blitzo mausetot.

Mit Blitzo fährt man Auto anstatt Diesel oder Sprit,
mit fünf, sechs Tropfen Öl ergibt das Blitzo einen Kitt,
und nehmen sie zu Blitzo ein paar Löffel schwarzen Teer
und streichen ihre Möbel, sie erkennen sie nicht mehr.

Auch ob sie´s glauben oder nicht,
Blitzo ist ein prima Brotaufstrich.
Als Küchenwürze ohne Zahl ist
Blitzo, Blitzo, Blitzo, Blitzo, Blitzo ideal.

Durch Blitzo im verdünntem Zustand wird man gertenschlank,
doch konzentriert genossen macht es dick, oh Gott sei Dank
das Blitzo mit Menthol macht tropenfest wie ein Kamel.
mit Blitzo wachsen Säuglinge 3, 4, 5 mal so schnell.

Mit Blitzo putzt man Schuhe, schwarze, braune wie man weiß,
und reinstes Weiß ist nicht mehr Blüten- sondern Blitzoweiß,
und wünschen sich die kleinen Kinder ein Geschwisterlein,
dann streuen sie abends etwas Blitzo in das Fenster rein.

Professor Piccard nimmt heut Blitzo mit,
wenn er in die Stratosphäre fliegt,
und ohne Blitzo wär´n der Nanga
Parbat und Mount Everest bis heut noch nicht besiegt.

Verwenden sie in Zukunft nur mehr Blitzo zum Panieren.
Wenn´s heiser sind, mit Blitzo gurgeln müssen sie pro-
biern.
Gegen Husten, Schnupfen, Ischias, gegen Blindarm,
Rheuma, Gicht,
da hilft nur Blitzo, Blitzo,Blitzo, alles andere nicht.

Den Sportlern und Politikern gibt Biltzo Energien,
denn wie sie jetzt schon merken, ist in Blitzo alles drin,
und was in Blitzo drin ist, das gibt Blitzo restlos her
und wollen sie es stärker, dann nehmen´s einfach mehr.

Mit Blitzo geht man schlafen und mit Blitzo steht man

auf,
mit Blitzo fängt das Leben an, mit Blitzo hört es auf,
wenn Blitzo nicht erfunden wär, dann müßt´s erfunden sein,
´s wird Zeit, daß wir jetzt aufhör´n, denn uns fällt schon nichts mehr ein.

Leopoldine:
Also zur Reklame, da fällt mir eine wunderschöne von **Palmers** ein. Ein Plakat mit einem **Strumpfband**. Das war in Wien ein kleiner Skandal – also ich bin jeden Tag in die Schule gefahren, da hab ich das gesehen.

Norbert:
Ja, da hat sich die auf dem Plakat den Strumpf gerichtet und man hat das Strumpfband gesehen.

Leopoldine:
Und dann kann ich mich noch erinnern an die Reklame von Hesperiden-Essig. Meine Mutter hat ein Lebensmittelgeschäft gehabt und da sind dann immer Plakate von den Konzernen gekommen und solche Ständer, die man zurückgebogen hat, daß das so plastisch war. Das war halt dann meistens das **Waschpulver**. Es war sehr viel Reklame im Radio - da war der **Maxi Böhm** mit der „Großen Chance" (s.u.; Anm.) und der **Heinz Conrads** hat auch so eine Sendung gehabt.
Mir fällt noch ein markantes **Plakat** ein, dass es da gegeben hat, und zwar war eine weiße Blume auf blauem Grund drauf, und die einzelnen Blütenblätter waren die österreichischen Bundesländer, eine **Österreich-Werbung**. Woran ich mich noch erinnern kann, weil es damals noch schwierig war, ins Ausland zu kommen, war ein Plakat von der Bozener Messe.

Otto:
Schifahren, dafür hat es Plakate gegeben, und fürs Bergsteigen. Auf irgendeiner Stadtbahnstation war der Großvenediger und Neunkirchen – das hat damals angefangen, mit den **Fremdenverkehr**sgeschichten.

Maxis große Chance

Aus dem Mozartsaal des Konzerthauses wird die Rot-Weiß-Rot-Sendung „**Die große Chance**" mit **Maxi Böhm** als Moderator übertragen - das Publikum fliegt auf diese Show.

In der Österreichausgabe der Illustrierten **STERN** kann man im November 1951 dazu lesen.
```
„Es sind keine Millionenbeträge, die man bei der 'Gros-
sen Chance' gewinnen kann, aber immerhin kann man mit
sechs richtigen Antworten zu 1.925 Schilling
```
(ca. 140 Euro; Anm.)
```
und zahllosen Waschpulverpaketen kommen."
```

Skandal im Kino

"**Die Sünderin**" vom Wiener **Filmemacher Willi Forst** sorgt für den größten **Filmskandal** der Nachkriegsjahre in Österreich und Deutschland: **Hildegard Knef** spielt darin ein durch die Naziherrschaft verstörtes Mädchen, das auf die schiefe Bahn gerät und Prostituierte wird.

Erst durch die Liebe zu einem todkranken Maler lernt sie wieder, an Gefühle zu glauben. Der Skandal, den dieser Film auslöst, beruht darauf, daß die Knef einmal als Modell für Sekundenbruchteile nackt im Hintergrund zu sehen war, während der Künstler sie malt.

Schottischer Ritus

In der Neujahrsnacht 1951 stirbt **Karl Renner** und zum ersten Male in der Geschichte der Republik wird der neue Präsident durch das Volk gewählt.
Im ersten Wahlgang erreicht kein Kandidat die absolute Mehrheit – in der Stichwahl am 21. Mai 1951 siegt **Körner** über **Gleissner**.

Am gleichen Tag unterliegt die schottische Nationalmannschaft bei einem Fußballspiel im Wiener Stadion den Österreichern. Das kommunistische „Tagblatt am Montag" bringt es zustande, die beiden wichtigsten Ereignisse des Sonntags in einer Schlagzeile zu vereinen:
„Gleissner und Schottland geschlagen."

Humor ist, wenn man trotzdem lacht

Karikatur in einer Wiener Illustrierten Anfang 1951.
Der Kunde betritt ein Geschäft, in dem man Weltkugeln kaufen kann und fragt:
„Haben Sie keine ohne Rußland?"

Das Jahr 1951 in Deutschland

Die DDR hat einen Plan, West-Deutschland wird mündig und Stockhausen baut ein Studio

In der DDR tritt der im Vorjahr beschlossene erste **Fünfjahresplan** in Kraft – somit die endgültige Hinwendung zur **Planwirtschaft**.

Die BRD führt das Mitbestimmungsrecht der Arbeitnehmer in der Montanindustrie ein und bildet den paramilitärischen **Bundesgrenzschutz** (Anfangsstärke 10.000 Mann).

Ferdinand **Porsche**, der Schöpfer des erfolgreichen Volkswagens, stirbt in Stuttgart.

Das **Besatzungsstatut** der Westalliierten wird gelockert. Die BRD darf jetzt ihre eigene **Außenpolitik** betreiben. Auch bestehende **Produktionsverbote** werden gelockert. Im Gegenzug erlöschen alle Ansprüche der BRD an deutschem Auslandsvermögen der NS-Zeit.

Trotz **Abschaffung der Todesstrafe** werden von westalliierten Militärtribunalen immer noch **Nazi-Verbrecher** zum Tode verurteilt und gehängt. Die BRD tritt dem 1949 gegründeten **Europarat** bei. Eine militärische Zusammenarbeit ist ausdrücklich ausgeklammert.

Das Karlsruher Bundesverfassungsgericht konstituiert sich, das **Jugendschutzgesetz** tritt in Kraft.

Die BRD hat 4 Millionen **Flüchtlinge**, meist Osteuropäer, aufgenommen; die Arbeitslosenzahl sinkt dennoch weiter auf 1,3 Millionen, das **Wirtschaftswunder** wird greifbarer.

Karlheinz Stockhausen richtet für den Nordwestdeutschen Rundfunk in Köln das erste Studio für elektronische Musik ein.

In der DDR gibt's **Testfernsehen**; in Düsseldorf findet die erste deutsche Funkausstellung nach dem Krieg statt.
Und der **Bac-Stift** sorgt für geruchsfreie Achseln bei den Bundesbürgern.

Hör zu

In dieser Zeit erlebt vor allem das deutschsprachige **Hörspiel** mit Werken von Alfred Andersch („Fahrerflucht", 1958), Ilse Aichinger, Heinrich Böll, Ingeborg Bachmann, Friedrich Dürrenmatt, Günter Eich („Träume", 1953), Max Frisch und Wolfgang Hildesheimer („Prinzessin Turandot", 1954) seine Blütezeit.

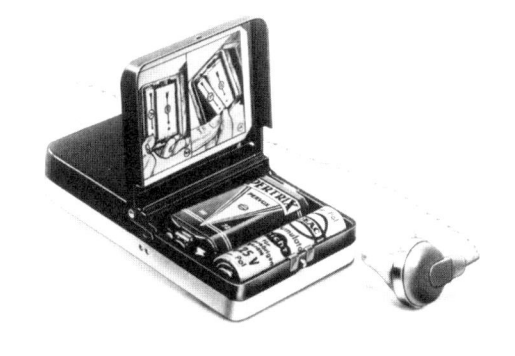

Pneumatischer Händedruck

Der **Orthopäde Häfner** entwickelt eine pneumatische Kunsthand. Gemeinsam mit Kollegen **Marquardt** entwickelt er den sogenannten „**Heidelberger pneumatischen Kunstarm**". Die Konstruktion arbeitet relativ geräuschvoll und mit langsamen Gelenkbewegungen.

Und was kochen wir heute?

Gratinierter Kohlrabi mit Wurstschifferln

30 dkg Selchfleisch oder Bratenreste, fein gehackt, 1 großer, fester Karfiol, 4 Eßlöffel Mehl, 6 Eßlöffel Thea, 2 ganmze Eier, 1/4 l Milch, 1 Eßlöffel Semmelbrösel, 3 Eßlöffel Parmesan, Salz, Pfeffer.

1. Karfiol in Salzwasser kochen und abtropfen lassen. Aus 2 Eßlöffeln Thea, Milch, Mehl, Salz und Pfeffer eine dicke Béchamelsauce kochen, nach etwa 15 Minuten vom Feuer nehmen, Eier und 1 Eßlöffel Parmesan gut darunter rühren.
2. Eine feuerfeste Schüssel gut einfetten, den Karfiol hineinstellen, das Selchfleisch darüberstreuen und das Ganze mit der Béchamelsauce übergiessen.
3. Parmesan und Semmelbrösel darüberstreuen, mit flüssiger Thea übergießen und im heißen Rohr bei Oberhitze zirka 15 Minuten überbacken, bis eine braune Kruste entsteht.
4. Für die Wurstschüsserln mitteldicke Pariser Wurstscheiben mit Haut auf einer Seite rasch anbraten.

(Aus „Jeden Tag gut essen" von Thea)

53

1952

Taubenfüttern auf italienisch...

Das Jahr 1952 und die Welt

Könige gehen, Generäle kommen; man rudert im Schlauchboot über den Atlantik, erlebt den ersten Kernreaktorunfall und ist geschockt über einen Hamburger.

In England stirbt **König George VI**. Am selben Tag wird seine gerade 25jährige Tochter als **Elisabeth II.** zur Königin proklamiert und nach traditionellem Ritus in der **Westminster Abbey** bei typisch englischem Regen gekrönt – auch der deutsche Sprachraum verfolgt die Thronfolge atemlos.

In den USA wird **Weltkriegsgeneral Dwight D. Eisenhower** neuer Präsident. In Ägypten zwingt das Militär um **Mohammed Nagib** und **Gamal Abd el-Nasser König Faruk** zum **Thronverzicht** und setzt dessen sieben Monate (!) alten Sohn Fuad als Herrscher ein.

Griechenland und die Türkei treten der **NATO** bei.
Im britischen Kolonialgebiet Kenia wird ein Aufstand der **Mau Mau-Bewegung** blutig niedergeschlagen. Die Stellungskriege in Korea halten an, während sich die Krieg führenden Parteien um einen **Waffenstillstandsvertrag** bemühen. Und in Nordkorea tobt sich die **US-Luftwaffe** aus.

In den **Bell Laboratories** wird mit der Technik der **Zonenreinigung von Siliziumkristallen** das reinste Material der Welt (Reinheitsgrad 99,99999%) entwickelt.

Alain Bombard rudert mit einem Schlauchboot über den Atlantik.

Bei den **Olympischen Spielen** beteiligt sich erstmals die Sowjetunion. Deutschland ist wieder, die DDR (will kein gemeinsames Team) ist nicht dabei. Die Zahl der ausgetragenen Disziplinen erhöht sich erneut auf 149. Neuer Präsident des Internationalen Olympischen Komitees wird der US-Amerikaner Avery Brundage.
Erstmals dürfen **Frauen im Skilanglauf bei Olympia** an den Start gehen.

Der **Arzt Albert Schweitzer** erhält den **Friedensnobelpreis**.

In Chalk River in Kanada kommt es zum ersten **Kernreaktor-Unfall**. Der Irrtum eines Technikers hat eine Explosion des Reaktorkerns zur Folge.

Der **US-Physiker Edward Teller** und sein Team bauen die erste **H-Bombe** und zünden sie auf dem Eniwetok-Atoll im Südpazifik. Sie hat eine Sprengkraft von 10 Megatonnen (700 Atombomben des Hiroshima-Typs). Das gesamte Atoll verschwindet.

Brüderchen Rußland läßt sich nicht lumpen und zündet eine auf der Kernfusion beruhende H-(Wasserstoff-)Bombe. Der Entwicklungsabstand zu den Amerikanern konnte nicht zuletzt wegen der **Spionagetätigkeit** von Klaus Fuchs (siehe 1950) verringert werden.

Sony entwickelt das **Transistorradio,** andere Konzerne ziehen nach. Die **„Musik zum Mitnehmen"** (© Siemens) wird dann sehr bald für alle erschwinglich.

Und mit den von den Bell Laboratories entwickelten **NIKE-Ajax-Raketen** beginnt eine neue Ära der **elektronischen Kriegsführung.**

Die Angst vor dem **Atom** überwiegt die Faszination über die Entfesselung solcher Gewalten bei weitem. Zu sehr sitzen den Menschen Kriegsgreuel und Hiroshima/Nagasaki in den Knochen.

Frank Elstner:
Da denke ich an meine Schulzeit, als wir alle immer nur über Hiroshima geredet haben. Als wir die ersten französischen Kultfilme gesehen haben, z.B. "Hiroshima, mon amour." Das war damals eben einer der wirklich großen Filme. Man hat unter gewaltiger Angst gelebt, dieser wahnsinnige Druck, der einen umgeben hat, die Kriegsbedrohung bis hin zu Chruschtschows Schuh auf dem Tisch – als dann die **Kuba-Krise** später kam. Also, Atom hat immer nur Angst verbreitet.

Gerda:
Da kann ich mich noch sehr gut erinnern, wir waren am Pöstlingberg (Wahrzeichen von Linz/OÖ, Anm.) und haben den Film gesehen von Nagasaki. Das hat uns stark beeindruckt - wir waren erschüttert.
Man hat darüber geredet, aber man hatte das Gefühl, das ist so weit weg und wird bei uns ohnehin nicht passieren.

Leopoldine:
Natürlich hat man Angst vor der Atombombe – man hat als junger Mensch mitgekriegt, wie da in Amerika diese Versuche waren – aber das war ja alles so fürchterlich weit weg! Als man dann älter war und über die Spätfolgen las, kam einem alles noch viel schrecklicher vor. Dieses Wettrüsten war furchtbar, aber was hätten wir im kleinen Österreich dagegen tun können?

Heidi:
Ich kann mich erinnern – in der Wochenschau hab ich die Elisabeth als ganz junge Königin gesehen, wie sie ein Atomkraftwerk eröffnet, und das war ein ganz großer Schlager. Es war d i e Alternative zur Stromerzeugung.

Otto:
Wir haben immer gehört , wenn so eine **Atombombe** einmal runterkommen würde, dann wären wir alle ... In Zeitungen wurde darüber geschrieben, dann ist alles weg. Man hatte immer Angst!

Peter Kraus:
Wie kann man das vergleichen mit heute? Wie soll man das sagen? Also der Horror war schon ganz stark verbreitet, denn – heute ist man ja gewöhnt daran, daß andauernd außergewöhnliche Dinge erfunden werden. Damals konnte man sich das gar nicht vorstellen, genauso wie der **Mondflug** und die ganzen Geschichten, die im ersten Moment so irreal waren, und dann natürlich irrsinnige Furcht auslösten trotz der Revolution (der neuen Gedanken). Ich hab das damals alles sehr erschreckend empfunden, weil ich von einem gemütlichen, schönen Leben geträumt hab und mir aufgrund meiner sehr glücklichen Jugend und des eigentlich auch sehr konzentrierten Lebens auf das, was ich tue, in vielen Punkten erst viel später die Augen aufgegangen sind.

George heißt Christine

Weltweites Aufsehen bei der ersten **Geschlechtsumwandlung** durch den **Endokrinologen Christian Hamburger** und den **Psychiater Georg D. Stürup**. Die Behandlung des zu Beginn 24 Jahre alten George Jörgenson, eines US-amerikanischen Fotografen dänischer Abstammung, erstreckt sich von August 1950 bis Dezember 1952. Zunächst wird er unter psychiatrischer Aufsicht mit Östrogen behandelt ("hormonelle Kastration"), dann nehmen die Ärzte im September 1951 mit Erlaubnis des dänischen Justizministers eine physische Kastration (Entfernung der Hoden) vor.
Etwa ein Jahr später wird – wiederum auf Jörgensons Wunsch – der Penis amputiert, und in einer plastischen Operation werden aus dem Hodensack Schamlippen gebildet.
Die US-amerikanische Botschafterin erlaubt die Aushändigung eines neuen Ausweises, der auf "Christine Jörgenson" ausgestellt ist. 1954 wird operativ eine Vagina angelegt.
Schock hin, Entrüstung her: Nach Bekanntwerden des Falles erhalten Hamburger und Stürup Briefe von 465 Männern und Frauen aus aller Welt, die eine Geschlechtsumwandlung wünschen.

Louie der Schweizer

Der in der Schweiz gefertigte **Roboter Louie** kann 24 verschiedene Bewegungen ausführen. Er weist die äußerliche Gestalt eines Menschen auf und kann menschliche Bewegungen sowie Tätigkeiten nachahmen.

Gutes Jahr für die Götter in Weiß

Zur Behandlung des grauen Stars werden nach Entfernung der getrübten Linse erstmals **Kunststofflinsen** im Auge implantiert.
Zeiss entwickelt ein **Operationsmikroskop** und **US-Herzchirurg Forest D. Dodrill** beschreibt eine **Herz-Lungen-Maschine**, mit der das Herz während einer Operation vollständig vom Blutkreislauf abgekoppelt werden kann.

Nie mehr **Karies**. Nach sieben Jahren wird in den USA ein groß angelegter Versuch der **Trinkwasser-Fluoridierung** abgeschlossen. Der Kariesbefall bei Kindern ist deutlich zurückgegangen.

Der japanische **Bakteriologe Hata Toju** und Mitarbeiter von der Kitasato Universität (Tokio) entdecken das **Leukomycin**, ein Antibiotikum, das besonders gegen Penicillin-resistente Staphylokokken wirksam ist.

Der **Polio-Schutzimpfstoff** wird entwickelt, der **Herzschrittmacher** erstmals eingesetzt und mit **Reserpin** der erste Tranquilizer entdeckt.

„Negermusik" und Buschklepper

Jahrelang als „**Unkultur**", „**Negermusik**" und Schlimmeres abgestempelt, setzen **Jazz**, **Bigband** und **Musical** ihren Siegeszug in Europa fort. Dem enormen Widerstand steht mindestens ebensogroße Begeisterung – vor allem bei den Jungen – gegenüber. So schreiben etwa "Die Salzburger Nachrichten" dazu im Juli 1952:

„Wenn die amerikanische Armee auf Negertruppen nicht verzichten und diese Negertruppen sich wiederum ihre Kongo-Mentalität nicht abgewöhnen können, so möge man die uniformierten Buschklepper überall zwischen den beiden Polen, nur nicht im alten Europa auslassen."

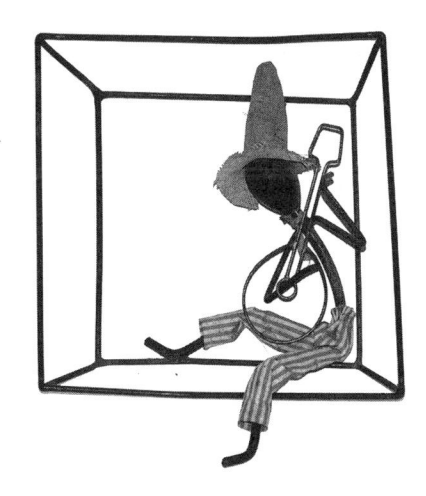

Der Begriff der „Negermusik" ist im übrigen offenbar gar nicht so genau definiert, ist doch später in diese Abwertung auch für manche Rock'n' Roll und **Boogie** gefallen.

Gerda:
Negermusik? Damit war wohl der **Blues** gemeint. **New Orleans**, da hab ich einmal einen Film gesehen, wie der Blues entstanden ist, und das war für mich die Negermusik. Dann hab ich auch noch mitgekriegt in Filmen, daß die Neger bei der Arbeit auf den Baumwollfeldern immer gesungen haben, das war für mich auch Negermusik. Also, die Leute, für die alles, was aus Amerika kam, Negermusik war, die haben sich halt gar nicht befaßt damit. Das andere war dann der Jazz, aber als Negermusik würde ich den Blues bezeichnen.

Heidi:
Nein, zum Thema Negermusik, da weiß ich nix...

Otto:
Sie hat ja mit Negern nicht so viel zu tun gehabt ... (Alle lachen)

Leopoldine:
Also der **Boogie** hat als Negermusik gegolten, und das hat eigentlich doch da bei uns am Land ein paar Jahre gedauert, bis sich das durchgesetzt hat. Jeder

hat über den Presley gesagt "die Heulboje" und "der Preslmayer" usw. Aber ich hab z.B. sehr gern von allem Anfang an den **Peter Kraus** gehört. Negermusik ist der Jazz und der Rock 'n' Roll gewesen. Damals wurde in den Bevölkerungskreisen gesagt, das ist eine Negermusik, obwohl die echte Negermusik waren ja Spirituals und so. Aber so wurde das halt gesehen. Im Gegensatz zu unserer herkömmlichen Musik.

Otto:
Da hat man schon ein bisserl was gehört davon, Amerika, New Orleans und so und der "**Satchmo**", der **Louis Armstrong**, das war dazumals schon ein Begriff. Seinerzeit ist der ... , wie hat der doch gleich geheißen, aufgetreten, im Konzerthaus ... der **Horst Winter**, genau! Das war damals eine schöne Musik, "Ein kleiner Bär mit großen Ohren" und so. Der Horst Winter war natürlich keine Negermusik.

Frank Elstner:
Negermusik? Ja, das Wort mußte ich mir oft anhören, weil wir absolute Fans ausländischer Musik waren. Das haben halt die Leute so gesagt (für mich automatisch welche aus dem Nazi-Bereich, weil mich schon das Wort Neger so gestört hat), die haben wir dann ausgelacht und sind manchmal auch agressiv geworden.

Und was meint der Fachmann dazu?

Peter Kraus:
Neger-Musik? Das war das übliche Schimpfwort der deutschen Schlagergemeinde gegen alles, was aus dem Ausland kam und – würde fast sagen – gut war. Denn als Negermusik wurde nicht nur schlechte Schlagermusik aus dem Ausland bezeichnet, sondern auch der Jazz, der Blues, eigentlich alles! Als der Rock 'n' Roll kam, wurde auch der so bezeichnet von allen prüden Eltern. Mein Vater war ja Musiker, der mit dieser Musik aufwuchs, der hatte dieses Wort natürlich nicht in seinem Vokabular – aber Negermusik war halt ein Allgemeinwort (in diesen Bands waren ja auch sehr viele Schwarze) für alles was swingte und Jazz war und **Dixieland**. Damals gab es noch in Deutschland und deutschsprachigen Ländern eine eigenständige Musik. Negermusik war aus dem Ausland importierte Musik, die ins Land eindringen wollte – damals hatten wir noch eine eigenständige Musik (heute haben wir keine mehr). Das war schon ein Wort mit Bedeutung damals!

Gestorben sind

Der **israelische Politiker Chaim Weizmann**; **Geograph Sven Hedin**; **Schriftsteller Ferec Molnár**; **Verleger Friedrich Brockhaus**; Argentiniens Präsidentengattin **Evita Perón** und der Industrielle und **Chemiker Hugo Henkel**.

Das Jahr 1952 in Österreich

Rot-weiß-rot obenauf – am Berg, aber auch im Eiskunstlauf; die Russen wollen nicht lesen und die Bahn steht unter Strom.

Die Sendergruppe **Rot-Weiß-Rot** nimmt den 136 m hohen Sendemast am Steinhof in Wien in Betrieb und **Helmut Seibt** wird zum zweiten Mal Europameister im Eiskunstlauf.
Der US-Hochkommissar stellt fest, daß in der **russisch besetzten Zone** Österreichs seit Beginn des Jahres **103 Zeitungen und Zeitschriften** und 111 Bücher **verboten** wurden.

Die **Bundesbahnstrecke Wien-Amstetten wird elektrifiziert** in Betrieb genommen. Die Eröffnung dieses Teilstückes nimmt Bundespräsident Theodor Körner vor. Damit ist die Westbahn in ihrer ganzen Länge elektrisch befahrbar.

In den stark boomenden **Kino**s läuft die "**Die Försterchristl**", "**Niagara**" mit **Marylin Monroe**, "**Bis wir uns wiedersehen**" mit **Maria Schell** und "**Don Camillo und Peppone**" mit **Fernandel** und **Gino Cervi**.

... und wenn die Pummerin wieder läut'...

Es ist ein Triumph für ganz Österreich, als die **Pummerin**, die große Glocke des **Wiener Stephansdom**es, unter feierlichem Geleitschutz von St. Florian (Oberösterreich) bis Wien reist.
Und sie hat wahrlich schon etwas mitgemacht, die ehrwürdige Glocke: 1683 aus dem Metall der Türkenbeute nach der zweiten Türkenbelagerung Wiens von Johann Achamer gegossen, war sie stets Symbol für die Freiheit Österreichs. Umso schmerzlicher empfinden es die Wiener daher, daß die Glocke in den letzten Kriegstagen beim Brand des Domes aus dem Turm stürzt und lediglich der Glockenklöppel intakt bleibt.
Nach dem Krieg dauert es mehrere Jahre, bis ein Neuguß der Glocke überhaupt möglich wird. Dann mißlingt der erste Guß in **St. Florian**, erst beim zweitenmal fällt das Probeläuten zufriedenstellend aus. Doch es geht noch weiter: Als die Pummerin im Stephansdom das Neue Jahr einläuten soll, bricht beim zehnten Glockenschlag der Klöppel. Die Hälfte des 800 kg schweren Stücks stürzt ab. Der Klöppel war aus Pietätsgründen beim Neuguß nicht erneuert worden, weil er ja den Absturz der Glocke 1945 unversehrt überstanden hatte. Schlagzeile der **Wiener Zeitung** am 3. Jänner 1953: "Es ist ein Kreuz mit der Pummerin."

Leopoldine:
Wie die Pummerin fertig war und hier in **Gablitz** im Triumphzug durchgekommen ist, das war eine tolle Stimmung. Das hat ein Aufsehen gegeben, das war eine Volksfeststimmung (siehe Bild re.).

Otto:
Also, als der Hitler durchkommen ist, da sind ja auch die Leute gestanden... Aber bei der Pummerin, das war wirklich ein Ereignis!

Norbert:
Von überall her sind die Leute gekommen und stundenlang an der Strasse gestanden! Da fand eine Einweihung statt und eine Übergabe vom Bundesland Niederösterreich nach Wien – **Purkersdorf** war ja damals noch Wien.

Leopoldine:
Es hat doch damals dieses Lied gegeben (singt): "Wann der Steffl wieder wird, so wie er war – und wann die Pummerin erst läut', dann ist's so weit."
Und das war eben dieser große **Symbolwert** von der Pummerin – und ist es, glaube ich, noch heute. Die Pummerin ist, glaube ich, für jeden Menschen in Österreich ein Symbol.

Otto:
Zumindest zu Neujahr, am Silvestertag.

Bergab ist der Strom teurer

Die **Donauschiffahrt** nimmt zwischen Linz und Wien ihren Waren- und Personenverkehr mit den Motorschiffen „Passau", „Johann Strauß" und „Stadt Wien" wieder auf, wobei witzigerweise eine "Bergfahrt" 29 und eine "Talfahrt" 37,50 Schilling kostet (bzw. waren für die "Bergfahrt" 2,11 Euro, für die "Talfahrt" 2,73 Euro zu berappen).

Greißlersterben

Im November 1952 füllt das Schicksal des Wiener Greißlers Hans Arthold alle Gazetten.
Arthold hatte es in der Zeit des Schleichhandels und der Konjunktur der ersten Nachkriegsjahre zum wohlhabenden Mann gebracht – mit dem Verkauf von **Schokolade**! Mit dieser damaligen Rarität hatte der bald nur noch „**Cadbury-König**" Genannte ein Vermögen verdient; die Menschen standen Schlange vor seinem Geschäft, um ein Stück davon zu erstehen.
Er expandiert also mit seinen Läden und paßt seine Bedürfnisse dem neuen Wohlstand an: Unter einem amerikanischen Straßenkreuzer samt Chauffeur in passender Uniform geht es dabei nicht.
Er beginnt, an der Rennbahn Unsummen zu wetten – und zu verlieren. Als sich die Wirtschaft – und damit auch die Erschwinglichkeit der Süßigkeiten – ändert, bekommt Arthold bald ernsthafte finanzielle Probleme.
Aus dem Mann von Welt wird wieder ein kleiner Greißler. Und zwar einer, der sich mit Vorliebe im halbseidenen Milieu herumtreibt; stets in der Begleitung junger Damen.
Eine davon – Adrienne Eckhardt – ist dann auch Erfüllungsgehilfin seines Schicksals. Nach einer ausgiebigen Zechtour geraten die beiden in Streit, schließlich schlägt Adrienne mit einer Fleischmaschine zu.
In seinem noch verbliebenen Laden – passenderweise gleich schräg gegenüber dem Landesgericht – zwischen Sardinendosen, Gurkengläsern und Schokoladetafeln, haucht Arthur sein Leben aus, hingestreckt von der letzten Gespielin.
Diese – nach ihren Auftritten vor Gericht bald "Die Mörderin mit dem Engelsgesicht" genannt – wird zunächst zu lebenslanger Haft verurteilt. Später wird ihre Strafe auf zwanzig Jahre reduziert, schließlich kommt sie im Rahmen einer Weihnachtsamnestie frei und taucht unter anderem Namen bei Bekannten unter.

Mach mal Pause

„Bereits 1953 betrugen laut Reinhold Wagnleitner Coca-Cola-Geschenke der US-Jugendoffiziere im Rahmen der **Austrian Youth Activities** 30.000 bis 50.000 Schilling monatlich. Spätestens ab 1956 wird **Coca-Cola** mit zahlreichen Werbefeldzügen („Mach mal Pause...") und dank flächendeckender Versorgung in Österreich bald zum festen Bestandteil der **Soft-Drink-Kultur** zählen, auch wenn mit den Marken „Chabesade", das „naturreine Fruchtsaftgetränk, hergestellt aus erlesenen Südfrüchten und Zucker", „Sinalco" und ab 1957 mit der „Almdudler-Limonade", dem „köstlichen österreichischen Erfrischungsgetränk" in der Trachtenpärchenflasche, eine pa-

triotische Gegenoffensive gestartet wird.
Diese erreicht im Herbst 1958 ihren Höhepunkt, nachdem sich auf Initiative des **Almdudler-Erzeuger**s Klein österreichische Firmen zusammenschließen, um mit großem Werbeaufwand ein heimisches Colagetränk unter dem klingenden Namen „**Taxi-Cola**" auf den Markt zu bringen. Derartige Zusammenschlüsse, hinter denen oftmals die Brauereien stehen, bedeuten jedoch auch den Tod vieler kleiner „Kracherl"- und Sodawassererzeuger.

Gleichbleibende Qualität dank Konzentrat und hoher Zuckeranteil sind nunmehr gefragt. Zwar steigt der jährliche Pro-Kopf-Verbrauch an kohlensäurehältigen Getränken in Österreich zwischen 1954 bis 1964 von 4,6 auf 18,9 Liter (USA 1966: 53,6 Liter), doch verzeichnen auch traditionelle alkoholische Getränke in diesem Zeitraum einen beachtlichen Anstieg von 79,2 auf 123,7 Liter (Irene Bandhauer-Schöffmann).
Coca-Cola wurde immer schon mit Amerika assoziiert; nach dem Krieg mit den GI's, später mit dem Image des freien Westens und einer neuen **Jugendkultur**. Koservative wie Kommunisten nahmen im Österreich der 50er Jahre gegen das US-Getränk Stellung. „Eine Person, die Coca-Cola zu trinken beginnt, fällt auch bald anderen verderblichen Gewohnheiten anheim", tönte es etwa aus dem Osten, der kommunistische ABEND malte bereits im Dezember 1949 in düsteren Farben ein Grinzing ohne Wein, dafür mit Coca-Cola breit aus, und Gerüchte gingen reihum, dem Konsumenten würden büschelweise die Haare ausfallen.
Doch die Getränkefirma, deren Produkte im Zweiten Weltkrieg häufig früher bei den US-Truppen ankamen als etwa Gewehre und Geschütze, überlebte dank erfolgreicher, kalt berechnender **Werbestrategien**, durch die Entwicklung der **Alu-Getränkedose** und schließlich der **Plastikflasche** alle derartigen Anfechtungen.
Coca-Cola wird zum oppositionellen **Statussymbol** einer neuen Jugendkultur ebenso wie des „**american dream.**"
Auch der Präsident der Vereinigten Staaten trinkt stets Coca-Cola, Dwight D. Eisenhower läßt sich während des

Wahlkampfes mit der charakteristisch geschwungenen Flasche, genannt May West, fotografieren. Lediglich **Richard Nixon bevorzugte Pepsi** und ließ die roten Getränkeautomaten aus dem Weißen Haus entfernen, doch dessen Ende ist ohnedies bekannt."

Soviel zum Thema „Coca Cola und die Fünfziger Jahre", die Textstelle stammt aus Hans Veigls Buch „Vom Motorroller bis zum Minirock".

Und was meinen unsere Zeitzeugen?

Peter Kraus:
Coca-Cola war ja ungefähr so wie Rock 'n' Roll – alles hat sich darauf gestürzt und die anderen haben gesagt, das ist das **Verderben aus dem Ausland**! Meine Mutter war auch so, die hat sofort das Fleisch ins Cola geworfen und hat gesagt, schau dir an, was in zwei Stunden daraus wird – so siehts in deinem Bauch dann aus, in deinen Därmen!"
Abgesehen davon, daß ich es nie gern getrunken hab – wenn, dann mit irgendeinem Alkohol, also mit Rum oder so, später dann in der **Alkoholzeit**... Es war trotzdem mehr dieses ganze **Markenzeichen**, das war toll, das Design der Flasche war toll, der **Cola-Stand** – das war die große Welt. Alles andere war vom **Styling** her so zickig, dann kam diese tolle Flasche, das wuchtige rote Schild – eben die große Welt!

Frank Elstner:
Ja, genau, das war für uns die große weite Welt! Wir haben halt **Cola-Parties** gemacht und wenn man eine Bottle-Party machte (damals waren wir ja noch jung), da hat man keinen Alkohol mitgebracht – da haben schon unsere Eltern aufgepaßt, daß da nix passiert... Man hat halt jede Menge Cola mitgebracht, und das größte Spiel war eigentlich immer, irgendwo eine leere Colaflasche zu finden, damit man an das **Pfandgeld** rankommt! Ich hab viele, viele Mark gemacht damals, indem ich achtlos zur Seite gestellte Colaflaschen einsammelte und irgendwo in einem Tante-Emma-Laden eintauschte.

Gerda:
Das war natürlich eine ganz tolle Sache. Alles, was von Amerika gekommen ist damals, das war interessant und das mußte man nach Möglichkeit haben. So wie jede Zeit ihre **Modeerscheinungen** hat, z.B. heute der McDonalds, so war eben damals das Coca-Cola. Ich hab keines getrunken, weil wir haben für so etwas kein Geld gehabt daheim. Später dann schon, als wir tanzen gingen – aber da hab es ja nicht ich bezahlt ... Da war **Cola-Rum Modegetränk**. **Cola-Zitrone** auch, das Mineralwasser war damals eigentlich gar nicht so sehr verbreitet.

Nadja Tiller:
Coca-Cola hab ich gern getrunken – auch heute noch.

Norbert:
Auf Cola wären wir ja fast süchtig geworden. Als wir ein bisserl älter waren, gab's natürlich das **Cola mit Rotwein** – das war d i e Sache dazumals.

Leopoldine:
Es hat mir nie geschmeckt, ich fand immer, es schmeckt verschimmelt.
Es gab auch andere anti-alkoholische Getränke damals – da war das **Fanta**, das **Libella**, das **Sinalco**, dann ist der **Almdudler** gekommen. Vorher war ein Almdudler für uns ein Getränk halb Wein, halb **Kracherl** (eine Art Limonade; Anm.) – das war der klassische Almdudler.

Otto:
Wir sind viel gereist, waren zum Beispiel am Nordkap – da hab ich nur Cola getrunken, damit ich munter bleib beim Fahren. Also, wenn wir weitere Strecken gefahren sind, hab ich nur vom Cola gelebt!

Leopoldine:
Ich hab damals schon immer gehört, in einer Flasche Cola sind 40 Würfel Zucker – in einem Liter!

Die Freßwelle:

Die "**Freßwelle**" beginnt in den Nachkriegsjahren. Man will alles nachholen, was man versäumt hat. Die Eßgewohnheiten sind vor allem auf den Verzehr möglichst großer Mengen sättigender Speisen ausgerichtet. Konsumiert wird vor allem fettes Fleisch, Kartoffeln, Brot und andere **kohlenhydratreiche Lebensmittel**. Deftige (Grammel-)Schmalzbrote sind in vielen Haushalten Pflicht. Viel zu essen gilt eben noch als gesund.
Im Jahre 1952 wird der Konsum von **Süßigkeiten** pro Kopf der Wiener Bevölkerung mit 3,78 kg gegenüber lediglich 2,45 kg im Jahr 1938 angegeben. Besorgte Stimmen mahnen bereits, die Österreicher würden zu reichlich essen.

„... mit dem Schinkenbild"

Ein Blick in einen Kühlschrank dieser Zeit könnte ein Bild wie folgendes gezeigt haben, schreibt Mag. Charlotte Gierlinger:

● Das **Butter**fach eines ansonsten überquellenden Kühlschranks der fünfziger Jahre war oft leer. Nicht aus gesundheitlichen, sondern aus finanziellen Gründen mußten sich damals viele Familien auf **Margarine** beschränken. Es waren überhaupt die meisten Lebensmittel im Verhältnis zu den Einkommen teuer. Da außerdem für größere Anschaffungen gespart wurde, ist die Ernährung des größten Teils der Bevölkerung zwar ausreichend, aber meist einfach und nicht sehr abwechslungsreich.
● In Deutschland etwa werden mit dem Aufkommen der Margarine mit dem Namen "Voss Ei-Lob", die ihre Kunden mit färbigen Tierbildern zum Sammeln

belohnte, viele Margarineesser der weit verbreiteten "**Sanella**" untreu. Diese hatte mit ihren berühmten "**Sanella**"-Bildern, die man in Alben einkleben konnte, die Phantasiewelt einer ganzen Generation mitgeprägt.

● Das Pflanzenfett "**Palmin**", allgemein Kokosfett genannt, bewirkt eine Neuerung der Kochgewohnheiten in der Nachkriegszeit. Bis dahin wird meistens **Schweineschmalz** oder Öl zum Kochen und Braten verwendet.

● Fettes **Schweinefleisch** und **Würste** gehörten zur traditionellen Kost. Weil diese Produkte nach der **Währungsreform** nicht mehr nur auf dem Tauschweg, sondern gegen Bargeld erhältlich sind, werden sie zu besonderen Anlässen in großen Mengen verzehrt.

● **Buttercreme**- und schaumige **Sahnetorten** gelten für viele als sichtbarer Beweis dafür, daß die Not vorüber ist.

● **Kondensmilch** gilt in den frühen fünfziger Jahren als etwas besonders Feines. Sie wird nicht nur in den Kaffee getan, sondern ist für die Kinder eine Schleckerei, die sie direkt aus der angestochenen Dose herauslutschen.

● "**Südfrüchte**" wie Zitrusfrüchte und Bananen sind als eine Bereicherung des Speiseplans heiß begehrt.

Peter Kraus:
Mein ganzes Wochentaschengeld, damals sechs österreichische Schilling, investierte ich in meine Trunksucht. Jeden Montag früh erwarb ich eine der sensationellen Errungenschaften des ‚**American Way of Life**' – eine klebrig-süssliche Kondensmilch, vermutlich synthetisch hergestellt, ohne jeden natürlichen Zusatz. Ich schlürfte das herrliche Gesöff, das mein Wochenbudget nahezu erschöpft hatte. An den verbleibenden, kondensmilchfreien Tagen träumte ich davon, mir dieses herrliche Getränk als Erwachsener kartonweise an meinen Designer-Arbeitsplatz bei Ferrari nach Italien einfliegen zu lassen.

Gerda:
Ich war Lehrling, hab ganz wenig Geld verdient und mir darum immer einen Sauerrahm gekauft, den hab ich geliebt damals.

Heidi:
Ich hab mein ganzes Geld, das ich auftreiben konnte, in Eßbares umgesetzt. **Manner-Schnitten**, **Karamel-Zuckerl** waren vorherrschend.
Und ich kann mich noch an eines erinnern – ich bin in Hütteldorf in die Mittelschule gegangen und neben mir hat ein Mädel eine **Banane** gegessen, sie hat mich dann kosten lassen. Und den Geschmack werde ich nie vergessen, dieses Gefühl – s o schmeckt also eine Banane!

Leopoldine:
Mir hat mein Ehemann zum 18. Geburtstag statt Blumen ein Bündel Bananen gebracht. Und zu Ostern hat er mir welche auf den **Oster-Baum** gehängt.

Eine besondere Vorliebe entsteht in den fünfziger Jahren für **Milchmixgetränke** („Bananen-Shake"). Und natürlich alle Arten von salzigen **Knabbereien** wie z.B. Kartoffelchips, Käsecracker, gesalzene Erdnüsse, Salzletten und **Salzbrezelchen**. Sie gehören nicht nur unabdingbar zu jeder **Party**, sondern lösen vielfach auch die süßen Kuchen und Torten bei Kindergeburtstagen ab und werden ein fester Bestandteil des abendlichen Fernsehgenusses. Für diese "Knabbereien" werden sogar extra **"Gläserständer"** mit eigenen **"Brezelhaltern"** entwickelt.

Das Jahr 1952 in Deutschland

Rußland vergibt Noten, England muß sich eine neue Zielscheibe suchen und ein Ringrichter geht zu Boden

Stalin bietet der BRD die **Wiedervereinigung Deutschlands** an ("**Stalin-Note**"). Die Westmächte bezweifeln die Ernsthaftigkeit des Angebots, fordern freie Wahlen in ganz Deutschland unter UNO-Aufsicht, was die UdSSR aber zurückweist.
Der **Deutschlandvertrag** mit den drei Westalliierten wird errichtet, der dann bis zur Wiedervereinigung Deutschlands Gültigkeit hat.
Die von den Briten als Luftwaffen-Übungsziel schwer beschädigte Insel **Helgoland** kommt wieder unter deutsche Verwaltung.

In Paris wird der Vertrag über die **Europäische Verteidigungs-Gemeinschaft** auch von der BRD unterzeichnet. Er garantiert u.a. den Erhalt Westdeutschlands und Westberlins und sieht vor, daß die BRD 12 der 43 geplanten Truppeneinheiten zu je 13.000 Mann stellt.

Die DDR reagiert sofort: Die Grenzen werden gesperrt, die Telefonverbindungen getrennt. Die SED beschließt wenig später den Aufbau der **Volksarmee** und eine Landreform.
Die DDR wird in 14 Verwaltungsbezirke mit 227 Kreisen gegliedert.
Im Juli propagiert die SED die "Verschärfung des Klassenkampfes", was im Klartext höhere Arbeitsleistung bedeutet.
Eine ernste **Versorgungskrise bei Grundnahrungsmitteln** führt zur Entlassung von Karl Hamann, Chef des DDR-Ministeriums für Handel und Versorgung.
Die Zahl der **DDR-Flüchtlinge** steigt.

Die BRD und Israel vereinbaren **Wiedergutmachungszahlungen** für die Judenverfolgung im Dritten Reich in der Höhe von drei Milliarden Mark, zahlbar im Lauf von 12 Jahren.

Und bei einem Boxkampf in Köln fühlt sich Herausforderer Peter Müller ("de Aap") durch den Ringrichter benachteiligt, weshalb er ihn vorsorglich gleich einmal k.o. schlägt.

In der BRD beginnt das **Fernsehzeitalter**.

Hallo Fernamt?

Die **Landesfernwahl**, seit 1923 von Siemens technisch vorbereitet, wird postamtlich in der Bundesrepublik Deutschland eingeführt: Bisher wurden Ferngespräche ja immer noch handvermittelt. Bis das **automatische Fernsprechnetz** flächendeckend arbeitet, vergehen allerdings noch weitere 20 Jahre. Erst 1972 läuft der nationale Fernsprechbetrieb vollkommen automatisch ab.

Und was kochen wir heute?

Bretonischer Schweinsbraten

1kg Schweinsschulter, 1/2 kg weiße Bohnen, 1/2 kg grüne Fisolen, 30 dkg Zwiebeln, geviertelt, 6 Eßlöffel Thea, 3 Eßlöffel Tomatenmark, 1 Knoblauchzehe, Salz, Pfeffer, Suppe zum Aufgießen.

1. Das Fleisch salzen, pfeffern, in einer tiefen Kasserolle mit heißer Thea braun anbraten, dann die Zwiebeln mitrösten. Wenn sie goldgelb sind, Tomatenmark und Knoblauch dazugeben, mit der Suppe aufgießen und das Fleisch mit den vorher halbweich gekochten Bohnen fertigdünsten.
2. Die grünen Fisolen unzugedeckt in Salzwasser weichkochen, abgießen und mit einem Eßlöffel Thea durchschwenken.
Braten mit Bohnen und Fisolen auf einer Platte anrichten!
Sie brauchen 5/4 Stunden.

(Aus „Jeden Tag gut essen" von Thea)

1953

Honeymoon in Lack und Chrom...

Das Jahr 1953 und die Welt

Ein US-General will Führer sein, ein russischer Diktator nicht sterben. In Korea gibt's Frieden, ein Nichtsportler bekommt den Nobelpreis und Hillary hat ein Gipfeltreffen.

Bei seiner Vereidigung zum US-Präsidenten unterstreicht **Dwight D. Eisenhower** den **Führungsanspruch der USA** in der Welt.
Am 2.3. stirbt der russische Diktator Stalin (bürgerl. Josef Wissarionowitsch Dschugaschwili), sein Tod wird erst zwei Tage später bekanntgegeben. Nachfolger werden **Georgi Malenkow** als Vorsitzender des Ministerrates und als Erster Sekretär des KPdSU-Zentralkomitees **Nikita Chruschtschow**.

Bald darauf muß **Berija**, der berüchtigte Chef des **Geheimdienstes**, über die Klinge springen: Er wird entmachtet und im Dezember erschossen.

Der Koreakrieg wird durch Waffenstillstand beendet.

Winston Churchill („No sports") erhält den **Nobelpreis für Literatur** wegen seiner historischen Werke (insbesondere zum 2. Weltkrieg).
An der englischen und holländischen Nordseeküste wüten die schwersten Sturm- und Springfluten des Jahrhunderts mit fast 1.500 Toten.

Der **Gürtelreifen** wird bei den Kfz-Herstellern eingeführt.

Zum ersten Mal wird die **Herz-Lungen-Maschine** bei einer Operation praktisch eingesetzt.
Sir Edmund Percival Hillary und **Tensing Norgay** erreichen den 8.882 m hohen Gipfel des **Mount Everest**, des höchsten Berges der Welt.
Marc Chagall malt das Seine-Ufer.
Der Amerikaner **Alfred Kinsey** führt eine repräsentative Umfrage über das Sexualverhalten von Frauen durch.

Apropos Sex. Wie war das eigentlich mit der **Aufklärung** in den Fünfzigern?

Peter Kraus:
Ich mußte so aufwachsen wie alle – niemand hat einem irgendwas gesagt, auch die Eltern nicht. Man mußte alles selbst rausfinden, das war wirklich so, wie es heute in den Büchern immer beschrieben wird. Die Revolution kam ja erst um '63 oder so. Also ich hatte da kein Problem, aber ich weiß von den Schulkameraden, daß das ein Riesenproblem war. Es gab eine große Heuchelei um dieses Thema. Mir kam zugute, dass ich in d e m In-Treff in München aufgewachsen bin, ich hab da nach der Schule meine Hausaufgaben

gemacht und saß bei Gulaschsuppe an der Bar. Da hab ich natürlich alles miterlebt! Meine Aufklärung funktionierte so: Ich hab so angegeben, getan als wäre ich der große Wissende, und hab dann das erste Mal gesehen um was es geht, bei einer Riesenorgie! Durch mein Großmaul konnte ich mich da einschleusen...

Gerda:
Bei mir zuhaus gab es keine Aufklärung. Ich hab auch die Menstruation erst mit 17 gekriegt, und für mich ist dieses Thema nie zur Debatte gestanden. Meine Mutter hat mir überhaupt nichts erzählt, da hat es nur geheißen "Das tut man nicht" und "Das soll man nicht" – es hat so viele **Tabus** gegeben, da hat man nicht darüber geredet. Und ich hab ja auch nur die eine Freundin gehabt, die Greti – die war genauso wie ich in der Hinsicht. Es hat sicher einige in der Klasse gegeben, da hat man schon vom Anschauen gewußt, daß die sicher schon viel mehr wissen – aber ich war halt auch gar nicht neugierig darauf.

Da fällt mir eine lustige Geschichte ein: An der Donau, hinter der Friedenskirche, wo jetzt das große Jahrmarktgelände ist, da waren damals Baracken, es war sehr malerisch und da ging man gerne spazieren, an der Donau entlang. Ich war so zwischen 14 und 17 Jahre alt, in der Lehrzeit, und ging da also mit einem Burschen spazieren. Wir haben geschmust und geschmust und geschmust – und dann hab ich gesagt "Jetzt gehn wir aber wieder weiter".
Also, der hat vielleicht geschimpft mit mir! "Das kann man doch nicht machen, das ist ja gesundheitsschädlich", hat er gemeint – und ich hab gar nicht gewußt, was er noch will! Daß es da noch irgendwas gibt – das wär mir nie eingefallen. Ich hab geglaubt, das genügt jetzt ...

Norbert:
Da kann ich mich noch ganz gut erinnern - ich habe einen Neffen, der wurde dazumals flügge, und da hat meine Schwägerin gesagt "Du Norbert, klär den Poldi auf, wir trauen uns das nicht". Also, ich bin mit ihm in den Garten hinausgegangen und hab gesagt "Du Poldi, du bist jetzt ein junger Mann, du wirst jetzt bald ein Mädchen kennenlernen – weißt du über alles Bescheid?"
Da war er dann ein bisserl verlegen, hat herumgeredet, da hab ich ihm dann erklärt, wie das so ist, was das für Folgen haben kann, wenn man sich liebt – daß vielleicht dann ungebeten ein Kind kommen kann, oder auch von einer

Geschlechtskrankheit hab ich ihm erzählt.
Da hat er dann g'sagt "Ja, das versteh ich schon, Norbert-Onkel", ganz rot ist er geworden, war verlegen...
Dann sind wir wieder reingegangen und die Schwägerin hat geflüstert "Hast ihm alles gesagt?" und ich hab geantwortet "Ja – was ich gewußt hab, hab ich ihm gesagt."

Heidi:
Also bei uns war das ein Tabu-Thema! Ich bin weder von meiner Mutti aufgeklärt worden, noch von sonst wem vor der Ehe.

Leopoldine:
Mich hat meine Mama aufgeklärt!

Otto:
Wer mich aufgeklärt hat, weiß ich überhaupt nicht...

Heidi:
Von alleine bist draufkommen, haha..

Norbert:
Du bist eben ein Naturtalent ... (Großes Gelächter in der Runde, am lautesten lacht Heidi, Ottos Ehefrau)

Otto:
Ich wüßt' wirklich nicht, wer mich aufgeklärt hätte – der Vater war eingerückt, als ich in dem Alter war, so 14 Jahre alt – und als er wieder nach Hause kam, da hat er mich nimmer aufklären brauchen, da war es schon zu spät... Meine Mutter hätte n i e über sowas geredet!

Leopoldine:
Meine Mutter hat mich einige Zeit, bevor die erste Regel gekommen ist, aufgeklärt. Sie hat gesagt "Du, das und das wird kommen, da brauchst du keine Angst haben, das ist ganz normal, schau, du weißt es von der Mitzi" (meiner älteren Schwester), und hat mich in dem Zuge aufgeklärt. Im Klartext, "Das geht so und so, Mann und Frau, ..." Da war ich zwölf, zwölfeinhalb Jahre alt.

Frank Elstner
Sexualaufklärung? Ich hatte da großes Glück, als Kind von Schauspielern bin

ich schon mit 6 Jahren aufgeklärt worden, weil meine Mutter immer Angst hatte, daß ich einem schwulen Tänzer in die Hände falle ... In meiner Schule ist die Aufklärung eigentlich mehr oder weniger durch Oswald Kolle und Filme mit Ruth Gassmann, vielleicht ein klein bißchen mit ersten Versuchen von Dr. Sommer in der BRAVO passiert.

Der Comet kommt

William John Clifton Haley, besser bekannt unter dem Namen **Bill Haley**, bringt mit seiner 1953 gegründeten Band „**The Comets**" einen neuartigen Sound aus **Rhythm 'n' Blues** und **Country-Musik** und begründet damit den Rock 'n' Roll. Haley hebt außerdem erfolgreich die Trennung zwischen weißer und schwarzer Musik auf.

Mit angeklebter **Schmalzlocke** und kariertem Jackett feiert er einen Bühnenerfolg nach dem anderen; sein populärster Hit, „**Rock around the clock**" (1954), wird von der gegen die Eltern aufbegehrenden Jugend millionenfach gekauft.

Gestorben sind

der **Bürgermeister von Berlin Ernst Reuter**; **Diktator Josef Stalin**; **Komponist Sergej Prokofjew**; **Operettenkomponist Emmerich Kálmán**; der **Maler Raoul Dufy**; der **Zeichner Karl Arnold** und der **Architekt Erich Mendelsohn**.

Das Jahr 1953 in Österreich

Linz macht Dampf, in Wien treiben dafür die Palmen und Salzburg singt Amadeus, Amadeus.

Die **VÖEST Linz** nehmen das erste nach dem neuen **LD-Verfahren** (Linz-Donawitz-Verfahren) arbeitende Stahlwerk der Welt in Betrieb.

Europas größtes **Palmenhaus**, das im Wiener Schloß Schönbrunn, ist wiederaufgebaut.

Nach mehr als 13 Jahren ist das Ende des Bezugs von Lebensmitteln auf Marken gekommen und der **Marshallplan** läuft aus.

Diese Form der Entwicklungshilfe ist übrigens nicht allen ganz so geläufig.

Heidi:
Marshallplan? Also ich war ja in diesen Jahren noch so jung ... das hab ich nicht so mitgekriegt.

Norbert:
Man hat das in der Zeitung schon verfolgt, was da passiert – daß uns die Amis helfen beim Wiederaufbau. Daß da Geld dazukommt usw. Der Staat hat das ja nicht zurückzahlen müssen, das war ja quasi ein Geschenk.

Hätten Sie es gewußt?
Stichwort Marshallplan

Im Rahmen des von **US-Außenminister George C. Marshall** am 5.6.1947 vorgeschlagenen **European Recovery Program (ERP)**, auch Marshallplan genannt, boten die USA den europäischen Staaten **Wiederaufbauhilfe** an (Warenlieferungen, Aufträge, Kredite), die ein Gesamtvolumen von 12 Milliarden Dollar erreichte.

Das Angebot wurde nur von Westeuropa angenommen; die UdSSR und ihre Nachbarstaaten weigerten sich im Zuge des einsetzenden Kalten Kriegs, amerikanische Hilfe in Anspruch zu nehmen. Ziel des Marshallplanes war es, die Westeuropäer an die Vereinigten Saaten zu binden, um so ein Gegengewicht zum sozialistischen Macht- und Einflußbereich der Sowjetunion in Osteuropa zu schaffen.

Otto:
Bei uns haben sie immer gesagt, erst haben die Amis uns alles zusammengehaut und jetzt helfen sie uns, alles wieder aufbauen. Ein bißchen was hat man gewußt, aber so richtig mitgekriegt hat man das erst später.

Frank Elstner
Der Marshallplan war mit Sicherheit wichtig für Deutschland, aber ich hab mich damals nicht damit beschäftigt. Also alles, was ich jetzt darüber sage, wäre nicht authentisch.

Josef "Bubi" Bradl gewinnt die deutsch-österreichische **Springertournee** in Garmisch, Oberstdorf, Innsbruck und Bischofshofen vor der gesamten nordischen Springerelite.

Hermann Buhl bezwingt im Alleingang den 8.126 m hohen Nanga Parbat im Himalaja.

Karl Böhm dirigiert Mozarts "**Cosi fan tutte**" – die erste Opernaufführung im Hof der Salzburger Residenz im Rahmen der **Salzburger Festspiele**.

Über die **Sender Kahlenberg** und Klagenfurt startet der **UKW-Betrieb**.

Und endlich werden die Beschränkungen im Reise- und Güterverkehr innerhalb Österreichs aufgehoben.

Oase Bad

Sie stöhnen noch über Ihre jüngste Installateursrechnung?

Zum Vergleich: Eine Badewanne ohne Verkleidung kostet im Frühjahr 1953 schon 1.700 Schilling (rund 123 Euro), das Abflußrohr 1.300,- Schilling (rund 94 Euro), ein Elektrospeicher für 80 Liter 1700,- Schilling (rund 123 Euro), ein Boiler für die Gasheizung etwa 3000.- Schilling (rund 218 Euro).

Das Jahr 1953 in Deutschland

Die DDR macht sauber, die BRD Schulden und Adenauer fehlt ein Mandat.

Nach Stalins Tod am 5. März wird in der DDR der "**Neue Kurs zur Verbesserung der Lebensbedingungen**" ausgerufen. Protestaktionen in Ost-Berlin weiten sich aus zum **Volksaufstand** am 17. Juni: Demonstrationen, Befreiung politischer Häftlinge. Sowjetische Truppen schlagen die Erhebung nieder. **Massenverhaftungen**, **Standgerichte**, **Erschießungen**, die **Säuberungswelle** in der DDR treibt zigtausende Bürger in den Westen (s.a. unten; Anm.).

Bereits im Februar wurde mit dem **Londoner Schuldenabkommen** ein Schlußstrich unter die noch aus dem 1. Weltkrieg stammenden Reparationsleistungen Deutschlands gezogen.

Die BRD übernimmt die gesamte Altlast von 29,5 Milliarden DM westlichen Gläubigern gegenüber.

In einem Separatvertrag mit der DDR wird diese im August von weiteren Reparationsleistungen an die UdSSR befreit.

Um Splitterparteien den Einzug in das westdeutsche Parlament zu erschweren, wird die Fünf-Prozent-Klausel ins Wahlrecht der BRD eingeführt.

Nach der Bundestagswahl fehlt der CDU/CSU unter **Kanzler Konrad Adenauer** nur ein Mandat auf die absolute Mehrheit.

Der deutsche **Chemiker Karl Ziegler** entwickelt das **Polyäthylen**.

Grünes München

Grüne Welle für Münchens Ampeln: Erstmals sind alle Ampeln im Verlauf frequentierter Straßenzüge voneinander abhängig. Fahren die Verkehrsteilnehmer mit etwa konstanter Geschwindigkeit – z.B. 50 oder 60 km/h – dann können sie an jeder Ampelkreuzung freie Fahrt erwarten. Dadurch werden Verkehrsstaus durch ständiges Bremsen und Anfahren vermieden und – bezogen auf den gesamten Straßenverkehr – große Treibstoffmengen eingespart. Das führt zur Abgasreduktion, erklären Experten.

Panzer-Demokratie

Im April werden in der DDR **Preiserhöhungen für Grundnahrungsmittel** und im Mai die **Erhöhung von Arbeitsnormen** um 10 Prozent beschlossen. Die Bevölkerung des durch mehr als tausend Betriebsdemontagen und Hunger geschwächten Landes wird unruhig.
Die SED kann eine offene Konfrontation mit der Arbeiterschaft auch durch öffentliche Selbstkritik nicht mehr verhindern. Die als besonders leistungsbewußt geltenden Bauarbeiter der Baustelle "**Stalinallee**" treten in den Streik, tags darauf legen Hunderttausende ihre Arbeit nieder.
Es kommt zu Gewaltaktionen, bald fahren die russischen Panzer auf.
Die Aufständischen befreien politische Gefangene; als schließlich die Rote Fahne vom Brandenburger Tor geholt wird, läßt der sowjetische Militärkommandant von Berlin den Aufstand niederwalzen.
Unter russischem Druck macht die SED Zugeständnisse an die Aufständischen, die Normenerhöhung wird zurückgenommen, viele Gefangene wieder freigelassen. **Walter Ulbricht** wird im Juli zum Ersten Sekretär des ZK Zentralkomitees der SED gewählt und bleibt damit mächtigster Mann der DDR.

Und was kochen wir heute?

Gefüllte Schnitzel

4 Kalbs- oder Schweinsschnitzel, zwei Finger dick, 2 Eßlöffel Thea, 1 Zwiebel, gehackt, Suppenwurzeln, grob geschnitten,
Salz, Pfeffer, Suppe zum Aufgießen, Zahnstocher zum Feststecken. Für die Fülle: 2 kleine, gekochte Kartoffeln, 2 harte Eier, 2 Essiggurken, alles klein gewürfelt, 1 Teelöffel Thea, 1/8 l sauren Rahm, 1 Zwiebel, 1 Teelöffel Kapern, 1 Knoblauchzehe, alles fein gehackt, Salz, Pfeffer, Petersilie.
1. Die Schnitzel so aufschneiden, daß eine Tasche entsteht. Den Einschnitt möglichst klein halten, aber den Innenraum durch Drehen des Messers vergrößern.
2. Für die Fülle Zwiebel und Petersilie in Thea leicht anrösten und mit oben genannten Zutaten zu einer festen Masse vermengen.
3. Damit die Schnitzel füllen, die Öffnung durch Zahnstocher zusammenhalten, mit Zwiebel und Suppenwurzeln in heißer Thea von allen Seiten anbraten, mit Suppe aufgießen und 1/2 Stunde dünsten. Saft passieren. **Sie brauchen 1 Stunde.**   (Aus „Jeden Tag gut essen" von Thea)

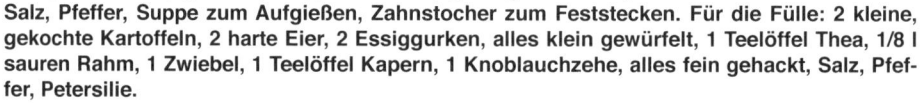

79

1954

Sein erstes Auto ...

Das Jahr 1954 und die Welt

Frischzellen für den Heiligen Vater; Frieden für Indochina. Jaqueline verschränkt die Hände und ein Bettgestell lernt fliegen.

Die Franzosen erleiden im seit 57 Tagen eingekesselten **Dien Bien Phu** im äußersten Nordwesten Vietnams eine katastrophale Niederlage. In Genf wird über das Kriegsende in Indochina verhandelt; am 17. Breitengrad wird eine **Demarkationslinie** zwischen Nord- und Südvietnam gezogen. Frankreich muß sich aus dem Norden des Landes auch politisch zurückziehen.
Dafür läßt sich Frankreich in einen weiteren **Kolonialkrieg** ziehen, diesmal mit Algerien, als dort Aufständische an 70 Orten gleichzeitig französische Beamte erschießen und Bombenanschläge verüben. Organisator des Aufstandes ist **Achmed Ben Bella**. Zu schweren Unruhen gegen die Kolonialmacht kommt es auch in Französisch-Marokko.

Mao Tse-tung wird Präsident der Volksrepublik China.
In Ägypten putscht sich **Abd el-Nasser** an die Macht.
In den USA entscheidet der Oberste Gerichtshof anhand einer Einzelklage die **Beseitigung der Rassentrennung** an Schulen.
Der Leiter des Hauptberatungsausschusses der Atomenergiekommission **Julius Robert Oppenheimer** wird Opfer der **Kommunistenhetze von Senator McCarthy**. Seine Rehabilitation erfolgt erst neun Jahre später durch US-Präsident Kennedy.

Henry Moore erschafft die Skulptur vom Krieger mit dem Schild; **Pablo Picasso** malt die „Jaqueline mit verschränkten Händen", **Marc Chagall** einen roten Akt.

Fiat entwickelt den ersten **Turbinenwagen** auf dem europäischen Kontinent.
In Großbritannien hat das "fliegende Bettgestell", der erste praktikable **Senkrechtstarter**, seinen Jungfernflug.
Die Lockheed F-104 "**Starfighter**" startet zu ihrem Erstflug. Sie arbeitet noch mit dem klassischen Strahltriebwerk.
Der Prototyp der **Passagiermaschine Boeing 707** geht auf Jungfernflug: Sie verfügt als eine der ersten Maschinen über ein sogenanntes **Fan-Triebwerk**, das im Unterschallbereich wirtschaftlicher arbeitet.

In den USA wird am **Bell Telephone Laboratory** die **Silizium-Solarzelle** entwickelt, die Lichtenergie unmittelbar in elektrische Energie umwandelt.
Der **US-Mikrobiologe John F. Enders** und sein Kollege Thomas Peebles entwickeln einen **Impfstoff gegen die Röteln**.

Der **Schweizer Arzt Paul Niehans** behandelt den schwerkranken **Papst Pius XII.** mit der von ihm entwickelten "**Frischzellentherapie**": Im Lauf eines Jahres bewirken die Zellinjektionen des Schweizers offenbar eine Genesung des Papstes. Niehans wird – als Nachfolger des verstorbenen Penicillin-Entdeckers Alexander Fleming – zum Mitglied der "Päpstlichen Akademie der Wissenschaften" ernannt.

Die Atombombenexplosion bei einem Versuch in der Nähe des **Bikini-Atolls** (US-Treuhandgebiet im Pazifik) gefährdet die Besatzung des japanischen Fischerbootes "Dragon heurex".

Das Material dieses Sommers heisst **Popeline** (Abb.re.), Bikinis aus Jaguar-Pelz werden angeboten.
Dior kreiert die **Linie H** mit ihrer kaum markierten Taille und wenig betontem Busen, gehobenen Achseln und glatten, geraden Ärmeln.

Der **US-Chirurg Clarence Lillehei** operiert erstmals am offenen Herzen eines Menschen.
Das Nationale Krebsinstitut der USA gibt Zahlen über die Häufigkeit von Krebserkrankungen heraus. Diese Publikation gibt den bereits bestehenden **Antiraucherkampagnen** neuen Auftrieb.

Kapitän Nemo unterwegs

Das erste US-Unterseeboot mit Atomantrieb, die "**Nautilus**", läuft vom Stapel:
Das 98 m lange und 8,5 m breite Schiff wird von zwei Schrauben mit 15.000 Wellen-PS getrieben und erreicht max. 20 Knoten unter Wasser. Es hat 109 Mann Besatzung. 1955/56 legt das Schiff rund 100.000 km zurück, ohne seinen Brennstoffvorrat ergänzen zu müssen. Im Jahr 1958 untertaucht die "Nautilus" als erstes U-Boot der Welt die nordpolare Eiskappe.

Lähmend: Kampf gegen Polio

Der amerikanische **Virologe Jonas E. Salk** entwickelt den ersten Impfstoff gegen **Kinderlähmung**: 650.000 Kinder nehmen an einem Massenversuch teil. 200.000 von ihnen bilden eine Kontrollgruppe, die statt des Impfstoffes nur ein Plazebo erhält. Das Versuchsergebnis fällt überzeugend aus: Das Vorkommen der Polio sinkt bei der geimpften Population auf ein Viertel der Erkrankungsfälle.
Bei der Erprobung kommt es jedoch zu Komplikationen. Presseberichte über Affen, die nach einem Impfversuch starben, lösen öffentliche Diskussionen aus. Erst als ein Kollege 1955 als Ergebnis der Tests bekannt gibt, daß die Immunisierung durch den Impfstoff zu 90 % erfolgreich ist, wird Salks Leistung anerkannt. Doch schon im Mai 1955 der nächste Schock: Sechs Kinder sind nach der Impfung gestorben.
Das Impfprogramm wird für zwei Wochen gestoppt, bis sich herausstellt, daß die nicht vorschriftsmäßige Herstellung des Impfstoffes in einem einzelnen Labor Ursache ist. Einige Zeit danach, als das Vertrauen der Bevölkerung wiederhergestellt ist, läßt sich die Hälfte der US-Amerikaner unter 40 Jahren impfen, die Krankheit geht daraufhin um 86 % zurück. Endgültig besiegt wird die Kinderlähmung dann 1962 mit der von Albert B. Sabin entwickelten **Schluckimpfung**.

Gestorben sind

Schriftstellerin Colette (bürgerl. Sidonie-Gabrielle de Jouvenel); **Maler Henri Matisse**; **Komponist Oscar Strauss** und **Dirigent Wilhelm Furtwängler**; **Zeppelinflieger Hugo Eckener**; **Physiker Enrico Fermi** und der **Kinematograf Auguste Lumière**.

Das Jahr 1954 in Österreich

Mit Molotow ist nicht gut Cocktail-Kirschen essen; Rotlicht in der Wiener Innenstadt und Haydn setzt seinen Kopf durch.

Am Stock im Eisen-Platz in Wien wird die **erste automatische Verkehrsampel** in Betrieb genommen.
Beginn des Prozesses gegen den Ex-Minister für Vermögenssicherung und Wirtschaftsplanung, **Peter Krauland**, in Wien. Die Anschuldigung betrifft die Finanzierung der Parteikasse der ÖVP.

Die Bundesregierung weist die Forderung des russischen Außenministers **Molotow** zurück, wonach Österreich auch nach Abschluß des Staatsvertrages besetzt bleiben soll, bis der Friedensvertrag mit Deutschland abgeschlossen ist. Molotow bleibt stur, lehnt in Berlin alle Vorschläge **Leopold Figl**s ab.

Die **Wiener Frühjahrsmesse 1954** zeigt Siemens-Radiogeräte vom kleinsten Batterie- bis zum UKW-Großsuper, AEG-Union eine Anzahl neuer Elektrogeräte wie E-Herde, Heißwasserspeicher und Kompressorkühlschränke sowie „alle Elektrowärmegeräte, die heute im Zeitalter der Elektrifizierung des Haushaltes aktuell sind."
Außerdem wird der **Renault 4 CV** (damals bereits rund 500.000 mal verkauft!) neben der Renault-Fregate ausgestellt, die Chrysler-Corporation zeigt das DeSoto Modell „Firedom"; Mercedes-Benz führt den 220er vor; Steyr-Fiat seine Modelle mit Vollsicht-Dach und Schlafsitzen.

Der **Studebaker** „ist der billigste und sparsamste Amerikaner in europäischer Linienführung", und die neue **NSU-Max**, die „schnellste 250-ccm-Maschine der Welt", findet sich neben den beliebten, wenn auch nicht ganz so schnellen **Puch-** und **Lohner-Rollern**.

Im Sommer wird der **Totenkopf von Joseph Haydn** in Eisenstadt beigesetzt. Er war wenige Tage nach Haydns Begräbnis von zwei Fanatikern der "Gall'schen Schädellehre" aus dem Sarg entfernt worden, um ihn für wissenschaftliche Untersuchungen zu verwenden. Über viele Umwege kam der Totenkopf 1865 in den Besitz der Musikfreunde in Wien, wo er sorgfältig verwahrt wurde.

Die bislang unter US-Einfluß stehende Tageszeitung **"Wiener Kurier"** erscheint mit dem neuen Kopf **"Neuer Kurier"**.

Erste Weltbankanleihe für Österreich in Washington.

Österreich erreicht den bisher besten Rang in seiner **Fußball-WM-Geschichte**: Dritter hinter Deutschland und Ungarn.

Herbert Tichy bezwingt den 8.189 m hohen Cho-Oyu im Himalaya, nahe dem Mount Everest.
Und **Kaiser Haile Selassie von Äthiopien** weilt zu einem offiziellen Besuch in Wien.
Frohe Weihnachten: Ende des Jahres treffen 55 "**Spätheimkehrer**" aus Rußland in Wien ein.

Land der Millionäre

Laut **Steuerstatistik** 1955 des österreichischen Finanzministeriums gibt es unter den 265.000 Einkommensteuerpflichtigen – man höre und staune – 431, die ein Jahreseinkommen von mehr als einer Million Schilling vorweisen können. Obwohl die steuerpflichtigen Millionäre nur zwei Promille aller Steuerfälle ausmachen, beträgt ihr Einkommen rund 1.100 Millionen Schilling.

Unter der schönen blauen Donau

Die **Donau überflutet Wien**. Am 13. Juli wird bei der **Reichsbrücke** ein Pegelstand von 7,90 Meter gemessen. Donauuferbahn und Handelskai sowie alle Keller im 2. und 20. Bezirk stehen unter Wasser; sogar die Alberner Lagerhäuser sind gefährdet.

Der widerlichste Jüngling Amerikas

Von Millionen Fans in aller Welt verehrt, sorgt **Elvis Presley** bei seinen Auftritten für die ersten Massenhysterien in der Popgeschichte. 1956 kommt er mit „Heartbreak Hotel"; 1957 mit dem „**Jailhouse Rock**".

1954 widmet die WIENER ILLUSTRIERTE dem „widerlichsten Jüngling Amerikas" einen deftigen Beitrag:
```
"Elvis Presley, der 21jährige Sänger, der sich vor den
Kameras windet und rollt, der in das Mikrophon stöhnt,
brüllt, quiekt und dabei die tollsten Grimassen schnei-
```

det, der magere, schlaksige Bursche mit den langen Haaren und **Koteletten**, ist über Nacht zu einer unrühmlichen Berühmtheit geworden. Er, der Hinterwäldler aus Tennessee, gilt als Erfinder des 'Rock and Roll', der neuesten Entartung der Jazzmusik. Noch vor kurzem mußte Elvis als Fernfahrer und Jahrmarktshändler mühsam sein Brot verdienen. Jetzt erhält er für ein dreimaliges Auftreten im Fernsehen 50.000 Dollar. Elvis, der zur Inkarnation der '**Halbstarke**n' wurde, Elvis, der die jungen Leute von Ohio bis Oslo zur Ekstase bringt, soll nun Soldat werden. Was ihm nicht schaden wird."

Naja. Übrigens: Ende 1956 verkauft Elvis Presley acht Millionen Platten und überflügelt damit alteingesessene Stars wie **Bing Crosby** und **Frank Sinatra** bei weitem.

Ein Jahr später zahlt das US-Fernsehen an Elvis Presley für jedes Lied, das er in einer Direktsendung singt, 20.000 Dollar, die **FOX-Filmgesellschaft** bietet ihm 750.000 Dollar für drei Filme an, und aus öffentlichen Veranstaltungen bezieht der Star ein Einkommen von 25.000 Dollar. Wöchentlich...

... des Gitarrespielens nicht mächtig

Rockstar Peter Kraus wurde oft als „deutscher Elvis" bezeichnet, was damals nicht immer ein Komliment war:

„Petronius" im STERN 1960:
Genau wie Presley war Peter Kraus des Singens und Gitarrespielens nicht mächtig.

Peter Kraus:
"Vor meinem ersten Live-Auftritt als Rock 'n Roll-Sänger (im Münchener Deutschen Museum am 1. Oktober 1956) wurde ich von argem Lampenfieber geplagt – meine brillantine-gepflegte Entenschwanz-Frisur war dabei, sich aufzulösen und ich konnte mich an keinen Text mehr erinnern...
... Verzweifelt bemühte ich mich, wenigstens in meinen Blick jene aufmüpfige

Coolness zu legen, mit der Elvis seine goldenen Schallplatten in Empfang zu nehmen pflegt ..."

Alle Aufregung umsonst. Denn nach dem Konzert schrieb die Münchner Abendzeitung dann immerhin:
```
Er kam, sah und siegte. Peter Kraus, eine Art Elvis Presley, nur sympathischer.
```

Partykultur

Rock'n Roll, **Boogie**, **Jazz** – wenn man sich die Musik aus diesem Jahrzehnt so anhört, Filme sieht und auch um die Unzahl an "Party-Ratgebern" Bescheid weiß – da entsteht schon der Eindruck, als ob die "**Wilden Fünfziger**" ihrem Ruf gerecht geworden sind.

Otto:
Also wir haben einen großen Bekanntenkreis gehabt und wir haben die Partykultur sehr gepflegt. Immer war etwas los, einmal zum Grillen, einmal ein Hausball ... Ja, getanzt haben wir, und wie. Den Marsch, den Boogie. Da sind die Fetzen geflogen.

Heidi:
Das war verbunden mit einer großen Fresserei, kaltes Buffet und da ist ordentlich aufgekocht worden. Wir haben damals einen Schrank gehabt, wo die Bar schon drinnen war und unten Gläserfächer mit Spiegeln an der Rückwand. Und natürlich der **Plattenspieler**. Und dann haben wir getanzt, was das Zeug gehalten hat. Wo es nur eine Tanzerei gegeben hat, da sind wir hingegangen

Leopoldine:
Ja, wir haben damals öfters eine **Party** gegeben, man hat Freunde eingeladen, da sind Platten aufgelegt worden, da ist getanzt worden. Rock, Boogie, nächtelang. Wir haben da auch verschiedene, selbstgebraute **Liköre** ausprobiert. Und man hat eingeladen und hat ist rundherum eingeladen worden.

Norbert:
In den 50er Jahren war bei jedem, der eine **Hausbar** gehabt hat, alles vollgeschlichtet mit Likör. "**Kaiserbirn**", "**Glühbirn**", die gibt's ja alle nimmer. Eine grünliche Flüssigkeit, da sind dann Metallpartikelchen drin geschwommen.

Gerda:
Damals hatte man die verschiedensten Liköre zuhause. An das „Goldteufelchen" kann ich mich erinnern, das war so ein schillernder Likör. Grüne, blaue gab es – von Bols. Und natürlich ganz was Feines war der **Eierlikör**.

Otto:
Liköre, ja. Also wir haben uns den Likör selber gemacht. Da gab es Essenzen, da hat man dann Weingeist dazugegeben und selber gemischt.

Leopoldine:
Ja, das "**Glühwürmchen**", das war so ein grünlich-gelb schillernder Likör. Man hatte da hohe, schmale Gläser und da wurde je nach der Schwere vom Likör eingefüllt. Also unten zum Beispiel einen **Schokolikör**, der war der schwerste, dann ein Glühwürmchen, der war so grun, und oben drauf einen Kaiserbirn, der war gelb - und das Ganze hat dann "**Strumpfbandl**" geheißen.

Punkto Tanzen haben wohl auch Pirron & Knapp so einiges bei ihren Auftritten auf Bällen erlebt. Und so singen sie uns den

HAUSMASTA – ROCK (Auszug)

One, two, three a clock four a clock rock
five, six, seven a clock, eight a clock rock
nine, ten, eleven a clock, twelve a clock rock
we got a rock around the clock tonight …

… Die erste Braut die hat da Charly zsammeng´staucht
Die zweite Braut die hat sogar die Rettung braucht
Die dritte hat beim Rock´n roll ihr Leben ausg´haucht
und die vierte de hams löschen müassen so hat´s g´raucht …

Tod in Monza

Rupert Hollaus, Weltmeister der 125-Liter-Klasse, nimmt 1954 das Schicksal Jochen Rindts vorweg.
Er stirbt beim Training in **Monza**. Schon bald weiß die Gerüchteküche mehr: Sein größter Konkurrent, Carlo Ubbiali, soll ihn indirekt auf dem Gewissen

haben. Mit aufgebohrtem Motor sei er dem Österreicher davongerast, heißt es. Worauf Hollaus auf volles Risiko gegangen sei, bis er in einer Kurve mit dem Fußraster den Boden streifte ... Motorradstar Hollaus wird, wie später Rindt in der Formel 1, posthum zum Weltmeister gekürt.

Das Jahr 1954 in Deutschland

Die DDR wird souverän, Dralon kommt auf den Markt und die BRD hört auf beiden Ohren

Wegen unüberbrückbarer Gegensätze zwischen den Westalliierten und der UdSSR zur Frage der deutschen Wiedervereinigung scheitert in Berlin das letzte **Gipfeltreffen der Außenminister** der Siegermächte. Unmittelbar darauf erklärt die UdSSR die DDR als souverän.
Die 14 NATO-Staaten laden die BRD offiziell zur Mitgliedschaft ein.
Eine Grundgesetzänderung erlaubt die **Einführung der Wehrpflicht** in der BRD.
Im Dezember wird in Moskau die **Wiederbewaffnung der DDR** angekündigt und die politische und militärische **Spaltung Deutschlands vollzogen**.

Die bundesdeutsche Firma **Bayer** bringt die vielseitige Acrylfaser "**Dralon**" auf den Markt.
Rundfunksender in der Bundesrepublik Deutschland und anderen Ländern Europas beginnen mit der Ausstrahlung von **Stereo-Programmen**.

In den Kinos läuft "**Des Teufels General**" mit **Curd Jürgens** und **Burt Lancaster** hat "**Die Faust im Nacken**".

Frontwechsel für den Geheimdienstchef

„**Otto John**, der deutsche Verfassungsschutz-Präsident, ist in die DDR gewechselt und hat dort politisches Asyl erhalten!" Diese Nachricht erschüttert Deutschland im Sommer 1954. Als John Ende 1955 in die BRD zurückkommt, wird er sofort verhaftet und wegen Landes-Verrats verurteilt. Er aber beteuert stets seine Unschuld: "Ich bin doch entführt worden."

Ungarische Rhapsodie auf deutsch

Jubel vor den noch nicht allzu zahlreichen TV-Geräten: Die bundesdeutsche Fußball-National-Elf mit **Trainer Sepp Herberger** und **Kapitän Fritz Walter** gewinnt am 4.7. in Bern gegen Ungarn den Titel des **Fußballweltmeister**s mit dem 3:2-Tor von Helmut Rahn. Und das, obwohl Favorit Ungarn bereits nach 9 Minuten mit 2:0 vorne lag.

Und was kochen wir heute?

Gefüllter Karpfen

1 kg Karpfen (Milchner), 10 dkg Pilze, gehackt, 4 Eßlöffel Thea, 1/4 Liter Rotwein.
Für die Fülle: 1 Semmel, in Milch eingeweicht, 2 Eier, 1 Teelöffel Thea, 1 Zwiebel, fein gehackt, Petersilie, Schnittlauch, Salz, Muskat.

1. Karpfen putzen, für die Fülle Milch und Leber mit Zwiebel, Petersilie und Schnittlauch in Thea dünsten, dann mit ausgedrückter Semmel und Eiern gut verrühren, mit Salz und Muskat würzen.
2. Den Fisch auf beiden Seiten oftmals leicht einschneiden, füllen, zunähen, salzen und in heißer Thea leicht anbraten.
3. Pilze dazugeben, mit Rotwein und 1/4 l kochendem Wasser aufgießen, mit zerlassener Thea bestreichen und im heißen Rohr ca. 1/2 Stunde fertigdünsten.
Sie brauchen 5/4 Stunden.

(Aus „Jeden Tag gut essen" von Thea)

Offsetdruck nach einer Amateuraufnahme auf Kodak-Farbfilm

Mitte der dreißiger Jahre brachte Kodak seinen Farbfilm auf den Markt, der seither wegen seiner absoluten Farbtreue und Brillanz in immer steigendem Maße von allen Lichtbildnern, von der Kinoindustrie und vom graphischen Gewerbe verwendet wird. Schon immer hat Kodak in der Photoindustrie geführt: 1895 brachte sie den ersten Rollfilm auf den Markt, 1888 die erste Amateur-Rollfilmkamera, 1899 den ersten transparenten Rollfilm, 1896 den ersten Kino-Positivfilm und 1900 den Kodak-„Brownie" mit dem der gewaltige Aufschwung begann, den die Amateurphotographie nahm.
Heute ist KODAK mit seinen riesigen Erzeugungsstätten in Deutschland, Frankreich, England, Amerika und Australien der größte Photokonzern der Welt, dessen Umsatz im Jahre 1952 über 575 Millionen US-Dollar, das sind nahezu 15 Milliarden Schilling, überschritt.

KODAK PHOTOMATERIAL HAT WELTRUF!

1955

It's partytime ...

Das Jahr 1955 und die Welt

Militärpakte und Militärakte. Disneyland und Klettverschluß. Polaroidkamera und Xerox-Kopierer.

Der **Warschauer Pakt** wird als Militärbündnis des Ostblocks unter einem gemeinsamen Oberkommando gegründet. Die Türkei und der Irak schließen den gegen Rußland gerichteten **Bagdad-Pakt**, dem England, Pakistan und der Iran später beitreten.
In Algerien und Marokko überfallen bewaffnete Aufständische der Befreiungsbewegung **FLN** Einrichtungen der französischen Kolonialherren, 123 Europäer sterben. Die Franzosen schlagen äußerst brutal zurück und töten 12.000 Menschen. Der **Algerienkrieg** ist offen ausgebrochen.
In Argentinien wird **Juan Perón** vom Militär gestürzt. Er geht nach Paraguay ins Exil.
In Südvietnam putscht **Diem**, gegen seine Diktatur setzen sich die kommunistischen Vietkong zur Wehr.
Österreich erhält **Unabhängigkeit** und **Souveränität** zurück.

Der in der Schweiz erfundene **Klettverschluß** wird patentiert.
In Los Angeles an der amerikanischen Westküste wird das erste "**Disneyland**" eröffnet.
Der englische **Ingenieur Christopher Cockerell** erhält ein Patent auf das Schwebefahrzeug "**Hovercraft**".
Die **Gefriertruhe** hält Einzug in amerikanische Haushalte.
Harry Olson und **Herbert Belar** entwickeln den **Musik-Synthesizer**.
Die englische Firma **EMI** stellt die ersten **Scanner** her; die **Polaroid-Sofortbildkamera** kommt auf den Markt und **Xerox** baut den ersten automatischen **Normalpapierkopierer**.
Die **Neurotransmitter** werden entdeckt und in den USA erstmals synthetisch **Industriediamanten** hergestellt.

Zuviel Blut für einen Bluter

Der **Fall William Cooles** (31) erregt die Gemüter in den USA: Der Bluter stirbt nach einer 42 Stunden andauernden Blutung, nachdem ihm 110 Liter Vollblut und 80 Liter Plasma infundiert wurden. Es handelt sich um die größte Blutmenge, die je einem Menschen übertragen wurde.

Rebell im Dienste der Verkehrssicherheit

Wissen Sie eigentlich, daß **James Dean**, der König der jungen Revoluzzer, 13 Tage, bevor er in den Tod raste, noch einen Werbespot über Verkehrssicherheit gedreht hat?
Die Ermahnungen an die jungen autofahrenden Amerikaner selbst nicht ganz

ernst nehmend, gibt er am 30. September seinem Porsche ordentlich den Bleifuß.
Auf einer Straße mit 90er-Tempolimit rammt er mit rund 160 Sachen einen Ford. Während sein Beifahrer, ein junger Mechaniker, aus dem Fahrzeug geschleudert wird, bleibt James mit gebrochenem Genick im Wrack eingeklemmt.
Der schnelle Tod macht den jungen Filmstar in kürzester Zeit zum **Idol** der aufbegehrenden Jugend auf der ganzen Welt.

Frank Elstner:
James Dean war mein Idol, hatte eine tolle Schauspielerkarriere, war der zornige junge Mann, den ich später auch versuchte, im Theater zu spielen – und das Allerwichtigste an ihm war eine Lederjacke, die man in der BRAVO für (glaub' ich) 62 Mark (rd .31,7 Euro; Anm.) bestellen konnte, die hatte vorne so eingenähte Lederteile, war aber dann aus Wolle. Die hatte ich mir zu Weihnachten gewünscht und hab sie tatsächlich gekriegt!

Leopoldine:
Er hat mir immer sehr gut gefallen – ich kann mich heute noch erinnern an die Szene in "**Giganten**", wo er das Erdöl findet, wo er duscht im Erdöl ...
Er war ja in unserem Alter, bisserl älter als ich. Also aus heutiger Sicht ist der damals ein Idol gewesen, für mich vielleicht weniger, er hat mir aber wahnsinnig gut gefallen in dem Film "Giganten" und in "**Jenseits von Eden**".

Otto:
Ich glaube, der James Dean, der ist dann erst richtig bekannt geworden, als er tot war. Man hat erst dann die Filme so richtig angeschaut, weil man gewußt hat, das ist ein Idol. Wenn der jetzt noch leben würde, dann hätt der ja nie so einen Ruhm gehabt, wie dadurch, daß er so jung gestorben ist und einen tragischen Unfall gehabt hat in seinem Porsche, nicht wahr?

Norbert:
Der James Dean, der ist halt ein männlicher Typ gewesen und gut angekommen, nicht nur ein **Mädchen-**, sondern auch ein **Frauenschwarm**. So ist er halt eine Legende geworden.

Gerda:
Schwärmerei pur! Die Filme waren Pflichttermin. Nicht nur für die Frauen – auch die Burschen haben sich die Filme angeschaut, der hatte ja so eine besondere Ausstrahlung. Und dazu kam natürlich auch der Nachahmungstrieb – damit sie bei den Mädchen mehr Chancen hatten.

Najda Tiller:
James Dean war göttlich! Hat mir sehr gut gefallen.

Gestorben sind

der deutsch-amerikanische **Physiker Albert Einstein**; Schriftsteller und **Nobelpreisträger Thomas Mann**; Bakteriologe und **Nobelpreisträger Sir Alexander Fleming**; **Komponist Arthur Honegger**; **Schauspieler James Dean** (s.o.)

Das Jahr 1955 in Österreich

Österreich ist frei; in Baden "geht nichts mehr"; Fidelio jubelt und der Heilige Stephan spart einen Arbeitsplatz ein.

Bundeskanzler Julius Raab gibt im Nationalrat eine umfassende Darstellung des wirtschaftlichen Aufstiegs Österreichs. Er stellt fest, daß der **Anschluss an die Weltwirtschaft** gelungen ist.
Die **Österreichische Casinogesellschaft** (heute Spielbanken AG) eröffnet das Spielkasino in Baden bei Wien.
Die **erste österreichische Fernsehsendung** wird von den Sendern Wien-Kahlenberg, Graz-Schöckl und Linz-Freinberg ausgestrahlt (s.u.).
Das Kino bekommt ab der zweiten Hälfte des Jahrzehnts damit schwere Konkurrenz: Das Fernsehen erobert allmählich die Wohnzimmer.
Doch weil sich nicht jeder gleich so ein Ding leisten kann, bilden sich oft Menschentrauben vor den Schaufenstern von TV-Geschäften. Man geht ins Wirtshaus ums Eck, das in der Auslage mit dem „Fernsehzimmer" wirbt. Oder man besucht jemanden, der schon einen TV daheim stehen hat – natürlich mit der obligaten **TV-Gondel** oder einer ähnlichen Beleuchtung. ("Fernsehen ohne zusätzliche Lichtquelle verdirbt die Augen" ist damals die gängige Meinung.)...

Norbert:
Also, wer damals einen Fernseher gehabt hat, war schon ein situierter Mensch...

Heidi:
Ich weiss noch genau, wann das losgegangen ist mit dem Fernsehen – meine Oma hatte eine **Kredenz**, darauf stand der Fernseher. Unsere Lehrerin, die hat gleich in der Nähe gewohnt, die hat den ersten Fernseher im Dorf gehabt, meine Oma den zweiten. Die ganze Familie ist gekommen, wir waren alle bei der Oma fernsehen – da waren wir noch nicht verheiratet, das muß Mitte der 50er gewesen sein.

Leopoldine:
Meiner Schwiegermutter haben wir zu einem Anlaß einen Fernseher gekauft, da haben wir selber noch keinen gehabt.

Am 15. Mai wird der **Staatsvertrag** unterzeichnet (s.u.); am 19. September verläßt der letzte russische Soldat Österreich.
Das in zehnjähriger Arbeit wiederaufgebaute **Burgtheater** an der Ringstraße wird mit **Franz Grillparzers "König Ottokars Glück und Ende"** feierlich eröffnet. Die baulichen Modernisierungen des Hauses finden wenig Zustimmung.

Umsomehr finden aber die ersten **Silbermünzen** Anklang. Die Geldstücke werden – mit diversen nationalen Motiven – als Wertanlage betrachtet.
In diesem Jahr konstituiert sich auch die FPÖ (Freiheitliche Partei Österreichs).

Die Einnahmen aus dem **Fremdenverkehr** betragen 2 Milliarden Schilling an Devisen.
Die **höchste Seilbahn Österreichs**, vom Vallugagrat zum Vallugragipfel (2.811 m) in Vorarlberg wird eröffnet.

Mit Beethovens "**Fidelio**" wird die wiederaufgebaute **Staatsoper** eröffnet. Die Auswahl des Werkes erfolgte in Anspielung auf Österreichs wiedergewonnene Freiheit.
Und das Amt des **Türmers von St. Stephan**, das seit 421 Jahren besteht, wird aufgelassen.

"Österreich ist frei"

Eine **österreichische Regierungsdelegation**, der Bundeskanzler Julius Raab, Außenminister Leopold Figl, **Vizekanzler Adolf Schärf** und der **Staatssekretär Bruno Kreisky** angehören, reist im April zu **Staatsvertragsverhandlungen** nach Moskau.

Aufbau des Wiener Steffl's

Ein österreichisch-sowjetisches Kommunique über das Ergebnis der Verhandlungen, das sogenannte "**Moskauer Memorandum**", wird erstellt, jedoch erst am 15. Mai veröffentlicht. Gegenstand des Papiers: Abzugstermin der Besatzungstruppen; freie Verfügung über die USIA-Betriebe, die Ölfelder und die DDSG; Abgeltung von 150 Millionen Dollar in Warenlieferungen.

14. Mai: Letzte Gesprächsrunde zum österreichischen Staatsvertrag unter dem Vorsitz des sowjetischen Außenministers **Molotow** und den drei westlichen Außenministern **John Foster Dulles**, **Harold MacMillan** und **Francois Pinay**. Die Stadt ist zu einem Zentrum der Weltpolitik geworden. Journalisten und Fotoreporter strömen in Scharen nach Wien.
Kurioses protokollarisches Detail: US-Außenminister Dulles, der auf dem Flughafen Langenlebarn bei Tulln eintrifft, kann nicht mit militärischen Ehren und der amerikanischen Hymne begrüßt werden, weil Österreich nicht als einladende Macht gilt und auch über gar keine Paradetruppen verfügt.

Am 15. Mai ist es dann soweit: Um 11 Uhr vormittags beginnt vor dem Schloß Belvedere die Auffahrt der Wagenkolonnen der Minister, als erste trifft die sowjetische Delegation ein, dann im Sieben-Minuten-Takt die britische, die amerikanische und die französische. Die Außenminiser werden von ihrem österreichischen Amtskollegen Leopold Figl begrüßt und in den Marmorsaal geleitet, wo alle an vier Tischen Platz nehmen, rundherum stehen die übrigen Mitglieder der einzelnen Delegationen. Das Vertragsexemplar ist ein dickes, in Leder gebundenes Buch. Um 11.30 Uhr kratzen die Federn über das Papier; dann treten alle auf den Balkon, Figl zeigt tausenden Wartenden den Vertrag mit den Unterschriften der vier Mächte: Österreich ist frei!

Alles auf eine Karte

Mit der Unterzeichnung des Vertrages ist die Geschichte aber noch längst nicht vorbei. Am Abend nach der Zeremonie gab die Bundesregierung einen Empfang im Schloss Schönbrunn, berichtet Gottfreid Heindl in "Eine Insel der Seligen" .
Während des Desserts ging die Frau des damaligen Staatssekretärs im Finanzministerium, Franz Bock, zu den vier Außenministern der Großmächte, um sich deren Unterschrift auf der Menükarte als **Souvenir** zu erbitten.
Der sowjetische Außenminister Molotow fragte, bevor er unterzeichnete, misstrauisch: "Wozu brauchen Sie diese Unterschrift?"
Der britische Außenminister MacMillan hob, als er gestört wurde, indigniert die Augenbrauen und unterzeichnete wortlos.
US-Außenminister Dulles plauderte ununterbrochen mit seinem Tischnachbarn weiter, während er unterzeichnete.
Und der französische Außenminister Pinay sagte: „Mit Vergnügen, Madame. Wie viele Unterschriften wollen Sie?"
Bocks trockener Kommentar danach: „Vier Unterschriften, vier Männer, vier Völker!"

Risikofaktor Rolltreppe

Am 10. November 1955 schreibt die ARBEITER-ZEITUNG bezüglich der neueröffneten Opernpassage mit **Rolltreppe**n:
„Rolltreppenfahren ist ein Kinderspiel, wenn man es kann. Ja, Wien wird Weltstadt — aber die Wiener müssen es erst lernen, Weltstädter zu sein. Das zeigen die leichteren Unfälle, die sich in den ersten Rolltreppentagen in der Opernpassage ereignet haben. Noch stehen an jeder der acht rollenden Stiegen hilfreiche Uniformierte den Rollenden aller Altersstufen mit Rat und Tat zur Seite. Freilich wird der Rat manchmal in den Wind geschlagen, und dann passiert es, daß der Passant, der auf zwei Beinen stolz die Rolltreppe bestieg, auf allen vieren landet. So ging es einer jungen Dame, die auf die Ratschläge des Mannes am Start schnippisch zur Antwort gab: 'Mir brauchen Sie nichts erzählen, ich bin schon in Paris mit der Rolltreppe gefahren.' — Sind Sie in Paris auch auf allen vieren gelandet? mag sich der Helfer dann wohl ein wenig schadenfroh gedacht haben."

TV in Österreich: Erster Tag, erste Kritik

Der "Kurier" schrieb am 2. August 1955 über den **ersten Fernsehtag Österreichs**:

Geplant wirkte an diesem ersten Fernsehtag Österreichs eigentlich wenig. Und das machte das Ganze erst so recht zur **Pioniertat.** Das gab dem Ganzen den Stempel der reizenden Improvisation, jenes Fremdwort, welches das österreichische Wörterbuch unter 'Weiterwurstln' führt. Wieviel Geld so eine Sendestunde kostet, ob schon Vorbereitungen für eine Bestimmung getroffen sind, die dem Hausbesitzer das Recht aberkennen, gegen Fernsehantennen auf seinem Haus zu opponieren, ob schon ein Pausezeichen vorhanden sei, ob schon die Fernsehgebühren feststünden, das alles wurde mit einem lächelnden Achselzucken beantwortet. Lassen wir die Dinge an uns herankommen. Fest steht, daß **Operneröffnung**, **Turmspringen**, **Judo-Weltmeisterschaft** und **Leichtathletikkämpfe** übertragen werden. Fest steht auch, daß keine Fußballkämpfe gesendet werden. Wobei es nicht an den technischen Voraussetzungen mangelt...
"Wir wollen aktuell sein!" sagte Prof. Henz. "Aber wir werden das erst allmählich werden. Geben Sie uns noch etwas Zeit, meine Herren!"

Kino, Glamour und Kultur

Bevor das Fernsehen allerdings so richtig Fuß faßt, haben die Kino-, Theater- und Konzertunternehmungen Hochkonjunktur. Die **Kinobegeisterung** in Wien hatte im Jahr 1944 mit 60 Millionen Besuchern das Maximum erreicht.
Von 1950 bis 1960 werden in Österreich 267 Spielfilme gedreht, wobei 1956 mit 37 Filmen die höchste Produktivität stattfand.

Der Großteil davon wurde von einigen wenigen Regisseuren mit bekannten Namen wie **Franz Antel**, **Willi Forst**, **Ernst Marischka** produziert.
Von 1952 bis 1954 gab es eine neuerliche Zunahme der Kino- und Theaterbesuche. Erst 1960 zeigte sich dann die **Konkurrenz des Fernsehens** in den Besucherzahlen der Kinos und Theater. Übrigens: In den Kinos gibt es in dieser Zeit **Modeschauen** vor der eigentlichen Vorstellung.

Unvergessen sind die Streifen, unvergessen die **Stars**. Einzig beim Preis der Kinokarten; da scheiden sich die Geister...

Lepoldine:
Ins Kino, ja, da sind wir viel gegangen – **Ava Gardner**, **Rita Hayworth** und wie die alle geheißen haben – das waren Begriffe damals, **Humphrey Bogart** und so... Was eine Kinokarte damals gekostet hat, das weiß ich nicht mehr.

Norbert:
Das waren so 12 Schilling ...(knapp unter einem Euro; Anm.)

Otto:
Nein, im 50er Jahr nimmer, da hat es schon 30, 35 Schilling (2,1 bzw 2,5 Euro; Anm.)gekostet

Lepoldine:
Nein, niemals – wir haben in den 50ern gebaut, und da hat eine Maurerstunde 12,50 Schilling gekostet!

Heidi:
Also 30 Schilling, das kann nicht gewesen sein! Ich bin damals an einem Tag in der Woche dreimal ins Kino gegangen, da war ich in der Berufsschule. Das Gruber-Kino, das war ein Tageskino und das Maria-Theresien-Kino auch, wir sind da oft hingegangen. Als Mädchen ein Fleischhauerlehrling – das war ja damals eine Rarität, da waren sonst nur lauter Burschen in der Berufsschule – deshalb haben meine Freundin und ich den ganzen Tag machen können, was wir wollten! Und so sind wir halt dauernd im Kino gewesen. Was es gekostet hat, weiß ich nicht mehr, aber sicher keine 30 Schilling.

Gerda:
Wieviel eine Kinokarte gekostet hat, hmm, vielleicht 10 Schilling?

Otto:
Also Kino war für uns das Um und Auf, weil es hat ja noch nichts gegeben – es hat kein Fernsehen gegeben, in ein Theater sind wir nicht gegangen, da war das Kino das einzige Vergnügen, wo wir uns entspannen konnten. Wir haben einen Tag Berufsschule gehabt in der Woche, da sind der Hansi und ich zwei-, dreimal ins Kino gegangen. Wir sind stundenlang drinnen gesessen, haben unser Schmalzbrot, unser Wurstbrot verkauft, damit wir ins Kino gehen können! Wir haben Pilze gesammelt, ich hab sie der Tante gegeben, die hat mir ein bisserl Geld gezahlt, und dann sind wir schon wieder ins Kino. Kino war für uns alles. Und Hollywood der Inbegriff von Luxus.

Nadja Tiller:
Kino hat man verschlungen, man hatte ja so viele Filme vorher nicht gesehen, weil es die hier nicht gegeben hatte. Ich erinnere mich, als es in Wien endlich ein Kino gab, dass viele Originalfilme zeigte mit James Mason, Margaret Lockwood und so – das war das Größte!

Der Film beherrscht in den fünfziger Jahren das Leben von Millionen Menschen in aller Welt mehr als so mancher andere Zeiteinfluß. Frauen ahmen Marilyn Monroes Frisur nach; Männer tragen **Lederjacke** und **rauchen** wie James Dean. Äh, rauchen wie James Dean?

Norbert:
Das war schon ein **Statussymbol** damals, sicher! Man ist tanzen gegangen, und was hat man dann als Bursch gemacht – man hat dem Mädchen eine **Zigarette** angeboten. Die hat sich dann auch als Lady gefühlt, hat sich die Zigarette angezündet – obwohl sie dann eh meistens zum Husten angefangen hat... Zigaretten waren relativ schwer zu kriegen, weil es ja doch eine Schmuggelgeschichte war, also am Schwarzmarkt halt. Man hat halt jemand sein wollen damals und der James Dean war schon ein Idol, der hat immer die Zigarette im Mundwinkel gehabt.

Heidi:
Humphrey Bogart und **Eddy Constantine**, immer ganz lässig, mit der Zigarette im Mund ...

Norbert:
Eine Zigarette und ein **Whisky-Glas** in der Hand, das war schon was... Heute würde man wohl sagen "cool". Als Marke hat es da zB die "**Donau**" und die „**Austria 3**" gegeben.

Otto:
Ja, man ist sich schon gut vorgekommen, wenn man geraucht hat, das ist wahr. Ich hab gern die amerikanischen Zigaretten gehabt. Die "**Lucky Strike**", die

waren ein bißchen länger, später sind die **Filterzigaretten** aufgekommen.

Leopoldine:
Ich habe erlebt im 50er Jahr, wie mein Vater, der ein sehr starker Raucher war, elendig an Kehlkopfkrebs zugrunde gegangen ist. Ich habe deshalb nie geraucht.

Gerda:
Ich habe nicht geraucht. Mein verstorbener Mann, der Hans, der schon. Beim Tanzen gehen hauptsächlich, auch, weil es lässig ausgeschaut hat, mit dem **Whisky** in der Hand und so.

Peter Kraus:
Für mich kein Thema, bis heute nicht. Aus einer bestimmten **Vorbildfunktion** heraus, die ich schon als junger **Star** erfüllen mußte. Ob ich gern geraucht hätte, kann ich heute nicht mehr sagen. Als Kinder haben wir alle hier in der Schule in Wien die sogenannten 'Judnstrick' geraucht, diese getrockneten Lianen. Natürlich haben wir alle herumgepafft, also ich könnt mir schon vorstellen, daß ich vielleicht unter anderen Umständen zum Raucher geworden wäre.

Nadja Tiller:
Ich habe zwar damals geraucht, aber zum Beispiel nicht diese „**Pall Mall**", die waren mir zu schwer. Ganz toll war es, wenn man englische Zigaretten bekommen konnte, das galt als besonders elegant.

Nach dem Vorbild von Marylin Monroe lassen sich unzählige Frauen und Mädchen ihre **Haare wasserstoffblond** färben.
MM hatte das Ideal des knabenhaften Frauenkörpers durch **Kurvenreichtum** ersetzt. Frauen, denen die Natur diese Fülle vorenthalten hatte, versuchten sich mit entsprechenden Kleiderschnitten zu behelfen. Weitere berühmte Vorbilder, sogenannte **Vamps**, waren auch **Brigitte Bardot, Kim Novak** und **Jayne Mansfield**. Viele Mädchen trugen die **B.B.-Frisur** und schminkten sich einen **hellrosa Schmollmund**.

In den ausländischen Filmen der fünfziger Jahre tauchen die **Sexbomben** immer häufiger auf.

Die Zeitschrift "**Funk und Film**" meint dazu im Jahr 1956:

"Wir haben uns damit abgefunden, daß die '**Kurvenmädchen**' im Film seit zehn Jahren Hauptattraktionen geworden sind. Die Kamera, einst darauf aus, das Innenleben optisch wirksam in Mimik und Gebärde einzufangen, hat sich mehr und mehr

Filme des Jahrzehnts

1950: "Es kommt ein Tag" mit Maria Schell
1951: "Die Sünderin" mit Hildegard Knef
1951: "Endstation Sehnsucht" mit Vivien Leigh u. Marlon Brando
1952: "Die Försterchristl"
1952: "Niagara" mit Marylin Monroe
1952: "Bis wir uns wiedersehen" mit Maria Schell
1952: "Der träumende Mund" mit Maria Schell
1952: "Don Camillo und Peppone" mit Fernandel und Gino Cervi
1953: "Lohn der Angst" von Henri Georges Clouzot, mit Yves Montand
1953: "Moselfahrt aus Liebeskummer"
1953: "Wenn der weiße Flieder wieder blüht"
1953: "Wie angelt man sich einen Millionär" mit Marily Monroe
1953: "Blondinen bevorzugt" mit Marylin Monroe
1953: "Don Camillos Rückkehr" mit Fernandel und Gino Cervi
1953: "Verdammt in alle Ewigkeit" mit Burt Lancaster u. Frank Sinatra
1953: "Ein Herz und eine Krone" mit Audrey Hepburn und Gregory Peck
1954: "Ännchen von Tharau"
1954: "Des Teufels General" mit Curd Jürgens
1954: "Die letzte Brücke" u.a. mit Maria Schell
1954: "Der letzte Sommer" mit Nadja Tiller
1954: "La Strada" von Federico Fellini mit Anthony Quinn
1954: "Die Faust im Nacken" von Elia Kazan mit Burt Lancaster
1955: "Das verflixte 7. Jahr" von Billy Wilder mit Marylin Monroe
1955: "Die Deutschmeister"
1955: "Die Barrings" mit Nadja Tiller
1955: "Mozart" mit Nadla Tiller
1955: "Drei Mädels vom Rhein"
1955: "Ich denke oft an Piroschka"
1955: "The female jungle" mit Jayne Mansfield
1955: "Sissi" von Ernst Marischka mit Romy Schneider
1955: "Die große Schlacht des Don Camillo" mit Fernandel und Gino Cervi
1955: "Jenseits von Eden" von Elia Kazan, mit James Dean
1955: "Denn sie wissen nicht, was sie tun" von Nicholas Ray, mit James Dean
1956: "Giganten" mit Liz Taylor, Rock Hudson und James Dean
1956: "Sissi, die junge Kaiserin" mit Romy Schneider
1956: "Verlobung am Wolfgangsee"
1956: "Wie schön, daß es dich gibt"
1956: "Fuhrmann Henschel" mit Nadja Tiller
1957: "Die Frühreifen" mit Peter Kraus, Heidi Brühl, Sabine Sinjen
1957: "Immer die Radfahrer" mit Peter Kraus, Hans-Joachim Kulenkampff, Heinz Erhard
1957: "Das Wirtshaus im Spessart" von Kurt Hofmann
1957: "Sissi - Schicksalsjahre einer Kaiserin" mit Romy Schneider
1957: "The girl can't help it" mit Jayne Mansfield
1957: "Der Prinz und die Tänzerin" von Laurence Olivier mit Marylin Monroe
1958: "Wenn die Conny mit dem Peter" mit Conny Froboess und Peter Kraus
1958: "Die Enttäuschten" von Claude Chabrol
1958: "Die Liebenden" von Louis Malle mit Jeanne Moreau
1958: "Schrei wenn du kannst" von Claude Chabrol
1958: "Das Mädchen Rosemarie" mit Nadja Tiller
1958: "Außer Atem " mit Jean-Paul Belmondo
1958: "Hiroshima mon amour" von Alain Resnais
1958: "La dolce vita" von F. Fellini mit Anita Ekberg u. Marcello Mastroianni
1959: "Alle lieben Peter" mit Peter Kraus, Christine Kaufmann und Boy Gobert
1959: "Kein Engel ist so rein" mit Peter Kraus, Sabine Sinjen, Hans Albers
1959: "Tausend Sterne leuchten"
1959: "Buddenbrooks" mit Nadja Tiller
1960: "Nicht gesellschaftsfähig" von John Huston mit Marylin Monroe

auf äußere Reize gerichtet und mit der steigenden Neugier des Publikums den Kurswert der Kurven, **Hüftschwenkungen** und **vamphafter Grazie** beträchtlich in die Höhe geschraubt. Millionen Männer und Frauen gehen heute ins Kino, nur weil **Sophia Loren** oder Marylin Monroe spielen."

Das Kinopublikum sah aber natürlich auch die einheimischen Filme.

Dichtung und Wahrheit: Der österreichische Film

Betrachtet man die im deutschen Sprachraum entstandenen Filme, so unterscheiden sich diese stark von den ausländischen. Sowohl durch die Inhalte, die Bearbeitung als auch durch die Art der Rollen.
Die meisten österreichischen Filme weichen der Auseinandersetzung mit der Gegenwart oder der unmittelbaren Vergangenheit aus, stattdessen flüchten sie in die Darstellung einer heilen Welt.
Man verlegt die Handlung in die Vergangenheit, z.B. in das kaiserliche Wien oder in eine idyllische Traum-, Berg- oder **Urlaubswelt**. Dabei dominierte die **Sentimentalität**, und der Rückzug ins private kleine Glück wird als Patentlösung dargestellt.

Diese Filmwelt nimmt kaum Bezug auf die Realität und die aktuellen Probleme Österreichs in jenen Jahren. Keiner dieser Filme zeigt, daß die Menschen sich nach wie vor nicht viel leisten konnten, daß das Warenangebot klein war, daß die Leute auf engem Raum zusammenleben mußten und nur wenig Freizeit hatten.

Startschuß für den Sissi-Kult

1955 vermählte sich Österreich mit Deutschland, zumindest auf der Leinwand: Der **Schmachtfilm** dieser Epoche, "**Sissi**", entstand. Die siebzehnjährige **Romy Schneider**, Tochter der österreichischen Filmidole **Magda Schneider** und **Wolf Albach-Retty**, Stieftochter des Nachtclubkettenbesitzers Blatzheim, stellte die "Sissi" mit außergewöhnlichem Liebreiz dar. Durch den großen Erfolg angestachelt, drehte Ernst Marischka noch zwei Fortsetzungen: 1956 "**Sissi, die junge Kaiserin**" und 1957 "**Sissi - Schicksalsjahre einer Kaiserin**". Was sagst Du eigentlich zum **Sissi-Film-Kult** der 50er,

Peter Kraus:
Ist an mir vorübergegangen, weil mich diese Filme überhaupt nicht interessiert haben. Ich habe, ehrlich gesagt, sehr darunter gelitten, weil mir schon meine eigenen Filme viel zu bunt und

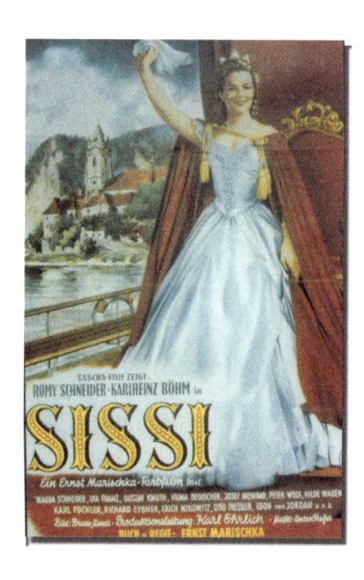

zu brav und zu rosig waren, für das, was ich eigentlich spielen wollte. Das war halt die Zeit, es hat auch funktioniert, aber es ist einfach ein komisches Gefühl, wenn du einen Film machst, wo es um Jugendliebe geht, erster Kuß, der dann doch nicht stattfindet und so – und in Wirklichkeit hast du ein Verhältnis mit der Freundin des Produzenten! Da kommt man sich irgendwie blöd vor, aber es war so ...

Alle lieben Peter

Peter Kraus drehte in den 50ern gleich mehrere Filme, die zum Kino-Renner wurden: **"Die Frühreifen"** mit Heidi Brühl und Sabine Sinjen, **"Immer die Radfahrer"** mit Heinz Erhard und Hans-Joachim Kulenkampff, **"Wenn die Conny mit dem Peter"** mit Cornelia Froboess, **"Alle lieben Peter"** mit Christine Kaufmann und Boy Gobert, **"Kein Engel ist so rein"** mit Hans Albers und Sabine Sinjen.

Peter & Conny – das deutsche „Traumpaar" wurde zu einem Begriff, von dem die Regenbogenpresse lange zehrte: Vom Kuß über die heimlich geplante Heirat bis zum angeblichen Zerwürfnis ... „Hat er oder hat er nicht..." – auf der Basis dieser Fragestellung ließ es sich leicht Artikel schreiben; variiert wurde nur der Gegenstand der Berichterstattung.

Peter Kraus, Conny Froboess in „Wenn die Conny mit dem Peter"

Nadja Tiller, Peter Kraus, Walter Giller in „Hallo Peter"; 1. Folge

Peter Kraus, Hans Albers in „Kein Engel ist so rein"

Österreichische Filmtypen in den Fünfzigern:

- Der **Kaiserfilm**, der in eine romantische Welt der Vergangenheit führte („Erzherzog Johanns große Liebe", Sissi-Filme, „Kronprinz Rudolfs letzte Liebe"...)
- Die **Heimatfilme**, die das Leben in einer Natur darstellten, die Harmonie versprach und alle Probleme löste („Der Förster vom Silberwald") – und unter anderem Luis Trenker zum Star machten.
- Die **Lustspiele**, die fröhliche und eventuell merkwürdige Personen zeigten, die trotz aller Verwicklungen und Mißverständnisse zu einem guten Ende geführt wurden („Der alte Sünder", „Hallo Dienstmann", „Verlobung am Wolfgangsee", „Vier Mädel aus der Wachau...")
- Die **Musikfilme**, in denen sich die Handlung ähnlich abspielte („Das Dreimäderlhaus", „Küssen ist keine Sünd'", ...)

Mag. Charlotte Gierlinger in ihrer Diplomarbeit über die Fünfziger: „Nur ganz wenige Filme setzen sich mit der jüngsten Vergangenheit auseinander. Einer davon – ‚**Die letzte Brücke**' – zeigt drastisch, daß es im Krieg letztlich nur Opfer und keine Sieger gibt."

Frank Elstner:
Nach dem "Schwarzwaldmädel" mit Sonja Ziemann kamen dann so furchtbar viele Filme von einer Herz-Schmerz-Art in die Kinos (die vor allen Dingen auch in Österreich produziert worden sind), mit denen ich mich nie richtig beschäftigt habe. Ich stellte mir nur manchmal die Frage "Wie können so gute Schauspieler so eine Scheisse reden..." Es gab hinreißende Schauspieler, die ich sehr verehrt habe, z.B. Theo Lingen oder Hans Moser – aber die mußen zum Teil so fürchterliche Texte sprechen!

Übrigens: Das Kino war in den Fünfzigern auch der **Ort sexueller Begegnung**. Anschaulich wird das im Wiener Kabarettprogramm „Tröpferlbad der Gefühle", wo Strobl & Sokal in bester Pirron & Knapp-Manier die 50er aufleben lassen:

MARGRITA ... Das Kino war also zu jener Zeit der Intreff?!
STROBL: Ja und da war doch noch was...
SOKAL:(freudig): Es wurde dort auch heftig geknutscht.
MARGRITA: Was?
SOKAL (verlegen): Kino war auch der Ort von (undeutlich genuschelt) sexueller Begegnung.
MARGRITA: Sorry, aber sie sprechen so undeutlich. (Sie sieht SOKAL fragend an)

SOKAL (verlegen, ausweichend): Wie soll ich Ihnen das erklären. Wenn ein Fräulein von einem jungen Mann zu einem Kinobesuch eingeladen wurde, und das Fräulein diesem Besuch auch zugestimmt hat, wußte der junge Mann, ...wußte der junge Mann ...
STROBL (springt in die Bresche): Daß bei dem Mädl auch was "eine-geht"!
MARGRITA: Was geht? Das Pärchen ins Kino?
STROBL: Ja! Und die Hand unter den Rock! - Petting mit Petticoat.
SOKAL: Entlassen aus der Obhut der strengen Elternblicke, ertastete sich die unreife Jugend im Dunkel des Kinosaals den Körper des anderen Geschlechts.
STROBL: In der Öffentlichkeit waren hingegen alle Teenager züchtig und zugeknöpft.
SOKAL: Damals herrschte eben eine sehr strenge Moral und Sitte! ...

Der Überflieger

Auf dem Flughafen Schwechat landet das erste in österreichischem Besitz befindliche **Flugzeug**. Zwar handelt es sich nur um eine kleine Sportmaschine, die dem niederösterreichischen Landeshauptmann-Stellvertreter August Kargl gehört, doch die Maschine soll in Kürze vom Land Niederösterreich übernommen werden. Das **Sportflugzeug**, das aus Zürich gekommen ist, soll zu Werbeflügen für den österreichischen Fremdenverkehr und zur großflächigen Schädlingsbekämpfung eingesetzt werden.

Die Landung des Flugzeuges ist zunächst nur mit einer Sondergenehmigung der russischen Besatzungsmacht möglich. Denn bis zum Abschluß des Staatsvertrages hat Österreich keinerlei Verfügungsrecht über seinen Luftraum.

Warum in die Ferne schweifen

Nach Freß- und **Wohnungswelle** kommt die **Urlaubswelle**. Der zunehmende finanzielle Spielraum führt zum **Massentourismus**.

Die Deutschen entdecken zunächst Österreich. Nahe Ziele des deutschen Fernwehs sind das Salzkammergut, der Wörthersee, die Wachau, das Burgenland, die Berge von Tirol und natürlich **"Wien, Wien, nur du allein."**

Und Österreich reagiert; die **Reisewut der Deutschen** läßt die Kassen mehr als klingeln: Die Einnahmen aus dem Fremdenverkehr betragen in diesem Jahr bereits zwei Milliarden Schilling an Devisen.

Hellmuth Karasek schreibt dazu in seinem Buch "Go West!":
"Der deutsche Tourist fand in Österreich etwas, was gleichzeitig seinen Neid wie seine Überheblichkeit herauskitzelte: Den Neid auf das Urtümliche, Gemütliche, Bodenständige und die Überheblichkeit, weil die Ösis da noch so putzig waren, im Janker und im **Dirndl** ... Begeistert waren die Deutschen auch vom "**Stroh-Rum**", der zum **Lieblingsschmuggelgut** wurde..."

Und auch die **Andenken- und Kitschindustrie** blüht: Edelweiß, Zwergerln und Kleiderhaken aus Geweihen, Gamsbärte und Maßkrüge mit Zinndeckeln, gußeiserne Blumenhaltermesser mit Gamsgeweihgriffen, Schnapsstamperl mit Wappen und Bergbildern, und in Holz gebrannte Sprüche wie "Grüß euch Gott, alle miteinander" – diese Dinge stellen in den Augen der Deutschen Österreich dar. Der Trend schlägt sich auch im Speisekarten-Deutsch nieder – „Schlagobers" wird zur „Sahne", „Topfen" zu „Quark", „Paradeiser" zur „Tomate", „Faschierter -" zum „Hackbraten". Die Österreicher fühlen sich beim Urlauben oft zurückgesetzt gegenüber den Touristen aus dem Nachbarland – ist wohl auch heute noch manchmal so...

Mit den Worten von Pirron & Knapp:

DER SOMMERFRISCHLER (Auszug)

Ich fahr in den Urlaub doch sag ich es gleich
ich bleibe im schönen Österreich
und geh auf Gebirgssommerfrische
weil ich es dort billig erwische
Ich sehn mich nach Luft nach Erholung und Ruh
nach Käse und Butter direkt von der Kuh
Ich hab schon a bisserl was z´sammgspart
Sogar auf an Huat mit an Gamsbart...

...Ich frage den Bauer nachdem ich gegrüßt
Wo denn das versprochene Fließwasser ist
Drauf antwortet einfach der Klachel
wohl gleich hinterm Haus fließt des Bachel
Ich sage na das ist ein tolles Quartier
da sagt er wir ham noch ein schöneres hier
doch da hilft kein Handeln und Feilschen
des kriagst net des g´hört für die Deutschen ...

Capri, wir kommen!

Die Alpenländler wenden sich also lieber einem anderen Reiseziel zu.
Das zweite Reiseziel der Deutschen wird bald Urlaubsland Nummer 1 für Österreich: **Bella Italia**.
Endlose Karawanen von Bussen und vollgestopften Familienautos ziehen über den Brenner oder St. Gotthardt nach **Rimini**, **Bibione** oder **Riccione**, wo man dann **sardinengleich** in der Sonne grillt.

Man reist an den **Gardasee**, **Comer See**, den **Lago Maggiore** und spielt, das **Pepitahütchen** auf dem Kopf, **Boccia** oder **Minigolf**.

"Wenn bei Capri die rote Sonne im Meer versinkt, und vom Himmel die bleiche Sichel des Mondes winkt, ziehn die Fischer mit ihren Booten ins Meer hinaus, und sie werfen in weitem Bogen die Netze aus..."

"**Die Caprifischer**", 1949 entstanden (Interpret: Rudi Schuricke), war d e r **Schlager** jener Jahre.

Ferientrophäen wie leere **Chiantiflaschen**, die zu Lampen umgebaut oder mit Tropf-Kerzen zu regelrechten Wachs-Türmen geformt werden, sind beliebte Dekorationsstücke in den Wohnungen; Mittelmeer-Motive wie Gondeln und Eselskarren sind als Raumschmuck alsbald weit verbreitet.

Schmuggel wird zum Volkssport; Decken, Puppen und anderer Ramsch wird kofferraumweise über die Grenze gekarrt und später stolz präsentiert.

Übrigens, ein In-Rezept jener Zeit: **Spaghetti "al Alfredo"** (die Nudeln al dente, mit viel Butter und frisch geriebenem Parmesan).

Nadja Tiller:
Capri-Fischer, ja, das war ein ganz beliebter Schlager zu dieser Zeit. Man konnte ja auch endlich Reisen machen, man hatte ein wenig Geld und konnte dann zum Beispiel nach Capri fahren.

Peter Kraus:
Urlaub, Caprifischer. Aaahh. Also abgesehen vom Song, den ich als 7jähriger gesungen habe ... Mein Vater hat den zuhaus immer gesungen und ich mit ihm. Mein Vater war ein bißchen auslandsbeeinflußt – er trat ja in der Nacht in

Wien im „Casanova" auf und sang Sinatra-Songs, ohne ein Wort Englisch zu sprechen - also deshalb bin ich mit Musik von Gershwin aufgewachsen, hab das alles in meiner Jugend gesungen, unter 10 Jahren, als ich in Wien lebte. Mit Songs wie Capri-Fischer wurden Träume geweckt, was ich ja mit meinen Songs auch gemacht hab und was heute nicht mehr funktioniert.

Damals war Capri das non-plus-ultra – einer meiner ersten Urlaube war nach Capri, ich mußte da unbedingt hin, blaue Grotte und so, tauchen... Da war ich 17 oder so. Damals konnte man so einen Auslöser machen.

Ich hab das mit meiner Musik auch gemacht, nach einem Urlaub von mir landete ich einen Riesenhit, der hieß '**Va bene**' – das war einfach, die Deutschen kamen aus dem Urlaub zurück, 90 % aus Italien, mit Schlagworten wie 'Va bene', 'Carina' usw.

Frank Elstner:
Caprifischer – diese ganze Art von Schnulzen hat mir nie gefallen. Ich war damals in einer Clique, wir mochten lieber die amerikanischen Lieder. Capri-Fischer war ein Lied, das ist natürlich 1000mal im Radio rauf und runter gegangen, aber da hab ich so aufs Radio geklopft und es ausgemacht, wie heute die jungen Leute bei – was weiß ich, bei Herrn Reim oder so ...

Heidi:
Urlaub! Wir sind eigentlich immer schon gerne weggefahren, und wenns nur für drei Tage war. Jede frei Minute, wenn möglich, haben wir die Kinder der Schwiegermutter angehängt und sind die deutschen Städte abgefahren, Nürnberg, Heidelberg und Rottenburg haben wir uns damals angeschaut. Gern auch nach Südtirol, für 3-4 Tage, länger hat man sich nicht Urlaub nehmen können.

Leopoldine:
Der Norbert hat ein Motorrad gehabt, so ein kleines, eine **125er Puch**, da sind wir in die Steiermark gefahren – da hat er, wenn es sehr steil war, manchmal sagen müssen, "Geh bitte, steig ab, sie packt's nicht".
Da haben wir eine kleine Österrreich-Rundfahrt gemacht. Als wir ein Auto hatten, sind wir dann natürlich öfter weggefahren. Mit dem Motorrad, es war damals sehr schwierig, passende Kleidung zu kriegen – und auch sehr teuer! Ich kann mich erinnern, ich hab mir damals eine **Windjacke** machen lassen, innen gefüttert mit einem winddichten Stoff – denn eine **Lederjacke** hab ich mir ganz einfach nicht leisten können.

Otto:
Reisen – also wir sind viel mit der Bahn nach **Mariazell** gefahren. Als ich so um die Zwanzig war, da sind wir mit dem Zug in einer ganzen Gruppe viel nach Italien gefahren oder nach Kärnten an den Weissensee.

Auch ein Ausdruck des aufblühenden Tourismus: Man sammelt **Auto- und Kofferkleber** von den Reisezielen; außerdem **Aufnäher** für den **Seesack** und **Metallplaketten** für den Spazierstock.

Lambrusco und **Frascati** in Drei- oder Fünfliterflaschen wird unter bunten Glühbirnen vernichtet; im Gegenzug entstehen im deutschen Sprachraum die ersten "Italiener", "Griechen" und später auch "Jugoslawen".
Die Österreich-Welle manifestiert sich übrigens in der **"Wienerwald"-Kette**, in der Helmut Jahn mit dem „**Backhenderl**" einen Welterfolg landet.

Aber auch exotischere Dekorationsstücke wie Chinesen-, Neger- und Indianerpuppen sind nun nicht mehr verpönt oder verboten. Also finden sich auch die in rauhen Mengen in den Haushalten – in Form von Lampenschirmständern, Buchstützen, Salz- und Pfefferstreuern, Wandfiguren und vielem mehr.

Vor allem aber die **wachsbetropften Chianti-Flaschen**, die gibt es in jedem Haushalt...

Leopoldine:
Wir sind , bedingt durch den Beruf, in sehr viele Wohnungen gekommen, und da hat man eine Menge dieser Wachsflaschen gesehen. Ich hab eine Familie gekannt, da war das Ding dann schon einen Meter hoch, ein riesiger Wachsstock.

Otto:
Dadurch, daß ich in den 50ern oft in Italien war, haben wir uns viele Chianti-Flaschen mitgenommen und haben die dann, wenn Besuch kam, aufgestellt und eine Kerze hineingesteckt. Das haben wir ja in Italien gesehen, auf jedem Tisch ... aber mir hat das nicht so gefallen. Abgesehen davon: Mir hat der **Chianti** in Italien sehr gut geschmeckt, aber hier dann gar nicht mehr.

Nadja Tiller:
Die wachsbetropften Chianti-Flaschen, nun, die waren zeitweilig überall, ja – ich hab sie gehaßt, hatte keine.

Frank Elstner:
Diese Chianti-Flaschen gibt's ja heute noch bei vielen Leuten, die sich eine Jagdhütte oder irgendwas im Wald bauen, eine kleine Bude oder so, die nehmen dann immer schlechte Kerzen, die viel tropfen, damit das Ganze eine "Patina" bekommt ... Damals hat man so Wettbewerbe gemacht, welche Flasche am dicksten wurde durch diese Kerzen – das war Ersatz für alles, was man heute technisch zur Gemütlichkeit herstellt. Heute hängt man sich eine Kristallkugel auf mit ein paar Lichtern oder nimmt irgendwelche Lasereffekte – damals war das eben einer der wenigen schnell herstellbaren Effekte.

Die Urlaubswelle geht einher mit einem **Camping-Boom** – was auch gleich die Urlaubskasse schont. Reisen mit dem Zelt – bis heute nicht jedermanns Sache:

Peter Kraus:
Camping haben wir damals alle gemacht, auch ich, und die schönste Camping-

geschichte war damals in Jugoslawien, wo mein Schulfreund und ich im kleinen **Schlafzelt** gelebt haben wie die Könige. Wir haben Kleingeld gewechselt, Pfennige, die Kinder standen um uns herum und haben für unser Kleingeld unsere Teller und Löffel gespült, Wasser geholt... Wir saßen wie die Könige mit Personal und die Kinder sind gewetzt...

Frank Elstner:
Camping war für mich natürlich damals unglaublich reizvoll – ich war 13 Jahre alt in den 50er-Jahren, als ich bei den Pfadfindern begann und habe es gelernt, sozusagen "professionell" zu zelten, wenn man so möchte... Das hab ich dann immer ausprobiert auf Campingplätzen. Ich werde nie vergessen eine Reise nach Spanien, als ich der "ausgebildete Pfadfinder" war, der jedes Zelt hochkriegt und mit meiner Mutter und deren Freundin auf einem Campingplatz landete, wo die Erde so hart war, daß es mir ums Verrecken nicht gelungen ist, die Heringe in den Boden zu kriegen...
Das wollte ich natürlich nicht zugeben und mit allen möglichen Tricks hab ich versucht, dieses Zelt hinzukriegen (das war ein **Armeezelt**, das ich mir damals besorgt hatte, ein amerikanisches, das hatte auch keinen Boden) – als es dann endlich stand, meine Mutter einzog und dachte, nach drei Stunden schlimmster Qual ihres Sohnes könnte sie jetzt schlafen, krachte es dann zusammen, dann sind wir ins Hotel gegangen...

Norbert:
Das war für mich eigentlich nie ein Thema, daß ich mir da ein Zelt auf das Motorradl packe, das war mir irgendwie unbequem, das Ganze.
Und dann ist ja schon das Auto gekommen und damit war das für mich vom Tisch.

Nadja Tiller:
Camping find ich ganz schrecklich – auch damals schon. Diese Campingwägen auf den Straßen sind eine Pest! Vielleicht auch gleich noch zwei oder drei hintereinander, Freunde oder so – man kommt überhaupt nicht weiter.
Ich habe Camping nie ausprobiert, möcht' ich nicht, werd' ich nicht...

Heidi:
Wir haben gerne campiert – wir sind auf der **Hochzeitsreise** mit dem Zelt nach **Sizilien** gefahren. Geschüttet hat es in Strömen, wir haben in der Früh das nasse Zelt zusammengepackt, am Abend das nasse Zelt wieder auseinandergenommen. In Rimini haben wir uns dann wieder ein Zimmer genommen.

Otto:
Ja, das ist ein Erlebnis gewesen – wir fuhren mit dem Zelt im Auto drinnen, die ersten Tage, wo das Wetter schön war, haben wir uns in den Hotels einquartiert – dann sind wir nach Capri gekommen, das Geld ist schon ein bisserl weniger geworden, dann haben wir gsagt, "Jetzt müssen wir mit dem Zelten

auch einmal anfangen." Dann hat es zu regnen begonnen – jeden Tag, das nasse Zelt wieder ins Auto rein ... Die ganze Umfahrung Amalfi, Sorrent haben wir mit dem Zelt gemacht. Gottseidank hat es dann wieder aufgehört, aber da haben wir was mitgemacht, beim schönen Wetter im Hotel, beim Regen im nassen Zelt...

Mecki gegen Bambi

Auch die **Kitschindustrie** erklettert ungeahnte Umsatzhöhen: Drahtfiguren mit „Palmen und Negerlein"; **Hummeln**, **Bambi** und **Mecki** sind allgegenwärtig: Figuren, Karten, Bilder, Kalender, Polster, Tücher .... kein Bereich des Lebens, der nicht von den Tierchen erobert wird.

Norbert:
Meckis, die haben uns sehr gefallen, mit ihren Stichelhaaren... Da haben wir ein Kissen gehabt, da war der Mecki drauf und dahinter seine Kinder. Da ist draufgestanden: "Mama, wir kommen schon."

Peter Kraus:
Ja, die Igel – die sind doch heute noch recht berühmt, oder? Jedenfalls gehörten die in den **Leukoplast-Bomber**, den **Lloyd**. Entweder vorne oder hinten. Ich bin so was nicht gefahren – war nicht so mein Gebiet, weder das Auto noch die Meckis.

Otto:
Die Mecki-Figuren, da sind halt dann die **Mecki-Filme** gekommen, so wie das ganze Zeug aus Hollywood, der Donald Duck und die Mickymaus, so ist der Mecki gekommen. Das war ganz lieb und man hat es halt akzeptiert und gerne gesehen, vor allem für die Kinder.

Leopoldine:
Und dann hat es ja diese **Mecki-Postkarten** gegeben.

Norbert:
Ja, und die Amerikaner, die haben ja auch diese Kurzhaarfrisuren gehabt, da hat man auch gesagt, der hat eine **Mecki-Frisur**.

Frank Elstner 
Mecki's fand ich furchtbar, aber die waren halt der große Erfolg der "Hör zu". Die ist heute noch immer Europas größte Fernsehzeitschrift, was mich immer dazu veranlaßt hat, zu sagen: "Der Titel einer Zeitung ist so völlig Wurscht, weil die größte Fernsehzeitung heißt ‚Hör zu'..."
Aber, um was über die Meckis zu erzählen: Die waren wie die Hummel-Figuren, die tauchten plötzlich überall auf, das waren die Teletubbies von damals. Genauso wollte auch jeder seinen Mecki haben.

Nadja Tiller:
Also, mit Mecki-Figuren konnte ich nie viel anfangen. Obwohl ich weiss, dass es so Kultpüppchen waren.
Und wie steht's mit den Bambis?
(lacht). Meinen Sie jetzt die, die man verliehen bekommt oder dekorative am Kamin? Also die am Kamin stehen, die bitte nicht!

Das Jahr 1955 in Deutschland

Adenauer holt seine Soldaten heim und Karajan ist ein Berliner. Das Goggomobil wird vorgestellt und Deutschland schlauchlos.

Konrad Adenauer reist nach Moskau. Er setzt die Rückführung von rund 10.000 immer noch einbehaltenen Kriegsgefangenen durch.
Mit der sogenannten **Hallstein-Doktrin** versucht die BRD, die Anerkennung der DDR durch Drittländer zu verhindern – eine Anerkennung wird als "unfreundlicher Akt" betrachtet.

In einer **Volksabstimmung** lehnt Saarland eine Europäisierung und damit eine stärkere Anbindung an Frankreich mit überwältigender Mehrheit ab.

In Kassel findet die erste "**Dokumenta**" statt.
Die ersten 101 Offiziere und Soldaten der neu geschaffenen Bundeswehr werden von **Bundesverteidigungsminister Theodor Blank** ernannt.
In der Bundesrepublik Deutschland werden erstmals **schlauchlose Reifen** eingesetzt (Bild li.; Anm).

...die Schlauchlosen

Das **Goggomobil** wird als neuester Kleinstwagentyp vorgestellt. Deutschland (West) beginnt, vom Motorrad auf das Auto umzusteigen.

Deutsche Chirurgen entwickeln neue Methoden zur **Rekonstruktion der Speiseröhre**.

Herbert von Karajan wird Chefdirigent der Berliner Philharmoniker und **Gustaf Gründgens** Generalintendant am Hamburger Deutschen Schauspielhaus.

Österreichs Anteil am Deutschen Wirtschaftswunder

Was heute niemand mehr so recht weiß; am Wirtshaustisch vielleicht sogar bestreiten würde – laut dem **Wirtschaftshistoriker Hannes Hofbauer** trägt Österreich Anfang bis Mitte der Fünfziger recht ordentlich zum deutschen Wirtschaftswunder bei:

So exportieren die Wasserkraftwerke von Kaprun bis Großraming, von Ottenstein bis Lavamünd im Jahre 1955 23 Prozent des erzeugten Stromes nach Deutschland – obwohl der Eigenbedarf noch nicht gedeckt ist!

Um die dadurch entstandenen Energieengpässe abzufangen, schreibt Hofbauer weiter, „wurde aus Westdeutschland Kohle zum Preis von 40 Groschen pro kWh importiert. Österreich bezahlte somit mehr als doppelt soviel für Importkohle, als es am Exportstrom verdiente..."

Ähnliche Folgen zeigt der Marshallplan auch bei Rohmaterialverkäufen an den Westen. Magnesit, Aluminium und andere Produkte müssen weit unter dem Weltmarktpreis angeboten werden, dadurch verliert Österreich allein 1952 etwa vier Milliarden Schilling.

In den Fünfzigern hat es einmal geheißen: "In Deutschland gibt's das Wirtschaftswunder; in Österreich ist es ein Wunder, daß es eine Wirtschaft gibt." Was meinen unsere Zeitzeugen dazu?

Frank Elstner
Wirtschaftswunder? Hab ich nur bedingt erlebt, weil unseren Eltern ging's eigentlich zu dieser Zeit nicht besonders gut.

Leopoldine:
Es hat nicht so diese Auswüchse gegeben wie in Deutschland. Und das mit den Neureichen und so... Das hat es vielleicht bei uns nicht gegeben – aber nach dem, wie die Wirtschaft darnieder gelegen ist, und was dann alles aufgebaut und geschaffen worden ist, das war schon ein Wirtschaftswunder.

Otto:
Eins muß ich schon dazu sagen: In Deutschland hat es sehr viel private Firmen gegeben, hier in Österreich waren ja die meisten Betriebe verstaatlicht. Die deutsche Großindustrie, **Thyssen** oder **Krupp**, ist ja ganz etwas anderes als bei uns eine VÖEST. Daß da natürlich nicht so viele Streber waren, ist klar, die haben sich gesagt "Wir leben so auch".
Aber das Wirtschaftswunder hat schon stattgefunden, irgendwie.

Nadja Tiller:
Das Wirtschaftswunder? Ja, das haben wir ja versucht, im Film "Rosemarie" ironisch darzustellen.

Und wie sahen Pirron & Knapp das

WIRTSCHAFTSWUNDER

Es geht uns heute besser dieser Fall ist doch ganz klar
Der Lebensstandard ist größer, größer als jemals war
Man spricht vom Wirtschaftswunder doch wir wundern uns nur sehr
Die Schulden werden größer und die Brieftaschen wird leer

So steht es in der Zeitung und was drin steht des is wahr
Die Zukunft die ist rosig und wir freun uns schon auf´s Jahr
Wir können´s kaum erwarten unser Zukunftsparadies
Jetzt woll´,mas untersuchen ob es wirklich auch so is

Wirtschaftswunder, Wirtschaftswunder, Wirtschaftswunder
Na hert´s uns zua

Der Wondracek der hat sich kauft a neuch´s Atomobü
Und damit kann er hat er g´sagt auch hinfahrn wo er wü
Das kann man sich heut leisten denn es kost nicht sehr viel Geld
Man steigt dabei im Ansehen und sieht nebenbei die Welt

Jetzt hat er zahlt die Steuer und auch die Versicherung
Ihm ist nicht ganz geheuer die Ratenzahlung bringt ihm um
Er freut sich auf´n Sonntag daß er raußfahrn kann aus Wien
Doch leider hat der -Wondracek ka Göd auf a Benzin

Wirtschaftswunder, Wirtschaftswunder, Wirtschaftswunder
Na hert´s uns zua

Ein jungvermähltes Ehepaar das richt die Wohnung ein
Natürlich darf es nur das Beste und Modernste sein
Die Küche ist ein Wunderwerk der Technik unsrer Zeit
Mit Mixer Grill und Eiskasten des Kochen is a Freud

Man braucht nur einen Knopf zu drehen, schon ist das G´schirr gespült
Die Gans gebraten, Schnitzel klopft die Gläser sind gefüllt
Jedoch die Automatik muaß ma zahln des is scho so
Jetzt sitzen beide in der Kuchl und hab´n an Flamo

Wirtschaftswunder, Wirtschaftswunder, Wirtschaftswunde, Na hert´s uns zua

Geschwindigkeit ist wichtig heut und keine Hexerei
Wir sind zwar nicht die Schnellsten doch auch da sind wir dabei
Wir halten einen Weltrekord sie glauben´s net wern´s scho sehn
Des is des Tempo mit dem bei uns die Preise in´t Höhe gehen

Schaust du heut in a Auslag was am Preistaferl drauf steht
Und gehst dann in des G´schäft is alles teurer s´is a Gfrett
Wann´st rauskommst schaust in´t Auslag und es is verraucht dei Zurn
Denn in der Zwischenzeit da san´s scho wieder teurer wurn

Wirtschaftswunder, Wirtschaftswunder, Wirtschaftswunder
In aner tour

Ja früher in der wirtschaftswunderlosen- schlechten Zeit
Da hat man all das nicht gekannt bedauernswert warn die Leut
Ka Moped, Fernsehn, Musikbox, kan Presley, ka Bardot
Und trotzdem ham die Leut gelebt, warn glücklich und war´n froh

An Schilling hat a Schnitzel kost mit Bier, Salat, Dessert.
Ein Vierterl Wein dreiß´g Groschen nur, der Schilling war was wert
Warum ma grad zu derer Wirtschaft Wirtschaftswunder sagt
Das wissen wir zwei auch nicht weil da sind wir überfragt

Wirtschaftswunder, Wirtschaftswunder, Wirtschaftswunder
Wirtschaftswunder ? Jetzt ham ma gnua.

Der Todes-Flug des Silberpfeils

Der Motorsport erlebt seine schlimmste Unfallkatastrophe: Während des 24-Stunden-Rennens von **Le Mans** rast ein **Mercedes-Silberpfeil** in die Zuschauertribüne und explodiert: 85 Tote, 200 teils schwer Verletzte; **Mercedes** zieht sich aus dem Rennsport zurück.

Kleine Autos ganz groß

Kleinstwagen beleben den Automarkt: Auf dem europäischen – besonders dem deutschen – Automarkt besteht ein großes Interesse an billigen und wirtschaftlichen Kleinstwagen.
Bereits 1948 brachte der deutsche Ingenieur **Hermann Holbein** das Miniauto "**Champion 250**" mit 250 ccm Hubraum und nur 6 PS Leistung heraus. 1951 vergrößerte er den Hubraum auf 400 ccm. Ab 1950 liefert **Carl F. W. Borgward** den "**Lloyd 300**" mit 75 km/h Höchstgeschwindigkeit, der auf 100 km 5,5 l Benzin verbraucht. Der Wagen hat eine **kunstlederüberzogene Holzkarosserie**, erhält bald den Beinamen „**Leukoplastbomber**". Ab 1952 läuft der Lloyd mit 400-ccm-Motor.

1952 liefert **Fritz Fend** einen dreirädrigen Kabinenroller ("**Messerschmitt-Kabinenroller**") zunächst für Körperbehinderte, ab 1955 mit 191-ccm-Maschine auch für nichtbehinderte Käufer.

BMW übernimmt einen italienischen Kleinstwagen, die "**Isetta**" mit Fronttür, in Lizenz und liefert das Gefährt ab 1955 mit einem Einzylinder-Motorradmotor.

Hans Glas bereitet das "**Goggomobil**" vor, das ebenfalls 1955 auf den Markt kommt. Es läuft wahlweise mit 250- oder 300-ccm-Motor.
Während das runde Design von BMW und der charakteristische Kühlergrill des "**Opel Kapitän**" Furore machen, wird über die winzigen Goggos immer wieder gewitzelt.

Frank Elstner:
Ein unglaublich witziges Auto, über das man schon damals gelacht hat! Es stimmt überhaupt nicht, daß man nur heute lacht und sagt, "Mein Gott, war das ein komisches Auto" – man hat auch damals darüber gelacht! Und hätte man nicht so viel darüber gelacht, wäre es ein viel größerer Erfolg geworden! Es kam sozusagen gegen den "Goliath" auf den Markt, nämlich gegen den VW-Käfer. Der Käfer war einfach so marktbeherrschend, daß es kein anderes

Auto geschafft hätte, dem irgendwie den Rang abzulaufen und das war der Tod von Isetta und Goggomobil.

Der sogenannte Leukoplastbomber, der Lloyd, der hatte eine Art von Kunststoffkarosserie. Wenn man sich an den anlehnte, dann hatte der wunderschöne kleine Beulen in der Karosserie und wir haben uns damals einen Spaß gemacht, wenn irgendwo so ein Ding herumstand, mit dem Finger reinzudrücken und in ganzen Mustern "Ich liebe Dich" draufzuschreiben. Also das war eine absolute Schnapsidee von Autobauern und hat sich glücklicherweise nicht durchgesetzt.

Peter Kraus:
Goggomobil? Ja, dazu kann ich eine lustige Geschichte erzählen. Es hat nämlich ein paar Goggomobile gegeben, die ich zum Teil mitgeschweißt habe!
In meinem Film „Alle lieben Peter" spielte ich einen Studenten, der im **Goggomobilwerk** arbeitet. Das haben wir wirklich gedreht am Fließband, und um die Produktion nicht zu stoppen, haben die mir gezeigt, wie man mit einer Lötzange die Schweißnieten reinpreßt. So habe ich diverse Autos mitgefertigt. Und während ich meinen Text gesprochen habe, mußte ich dauernd denken: „Hoffentlich fallen die Dinger nicht irgendwann jemandem unter dem Hintern auseinander".

Nadja Tiller
Goggomobil? Das war ein entzückendes Auto. Ich hab aber keines gefahren, mein erstes Auto war ein Opel. 

Norbert:
Das kleine Goggo hat natürlich das Motorrad abgelöst, weil da sind sie unter Dach gesessen. Eng wars, aber man ist nicht naß geworden.

Heidi:
Also ich war immer für Fahrzeuge, wo man nicht naß wurde. Der **Renault 4 CV**, unser erster Wagen, war ja auch kein großes Auto, aber wir waren ganz begeistert. Mein Papa hatte früher immer ein Motorrrad, hat sich dann aber einen alten **DKW** gekauft, und wir waren irrsinnig stolz und haben eine Freude gehabt mit diesem uralten Auto, stolz, daß wir so etwas hatten nach dem Krieg!

Otto:
Die Fahrzeuge direkt nach dem Krieg, das waren halt oft so umgebaute Militärfahrzeuge. Dann sind die Goggomobile gekommen und die DKW. Für uns war das dann schon ein Riesenspaß: Ein Fahrzeug mit drei Rädern wie die Isetta oder das Goggo. Obwohl sie klein waren, sie waren überdacht und vor allem - sie waren neu! Das war eines der ersten Fahrzeuge, die ich neu gesehen habe. Dann sind die anderen gekommen, der 600er Fiat, dann der 4CV, so einen haben wir uns '54 gekauft.

Leopoldine:
Also unsere Bekannten damals, die haben keine Isetta gehabt, sondern eine Libelle! Ein Dreiradler war das. Wir hatten damals noch das Motorrad, haben uns 1955 unseren ersten Wagen gekauft, einen Peugeot.

Norbert:
In meiner Heimatgemeinde hat sich der Bäckermeister Anfang der fünfziger Jahre einen **Jeep** umbauen lassen mit einer Farmerkarosserie, die war noch aus Holz, da ist der ganze Ort rebellisch geworden. Die sind auch schon in Urlaub gefahren damit, mit diesem uralten Jeep, der war noch aus der Normandie, alles hat schon gescheppert – aber alle wollten so etwas auch haben!

Leopoldine:
Ich kann mich noch erinnern, wir haben dann gesprochen davon, wir brauchen einen Kombi. Und wann immer wir mit einer Kundschaft bei meiner Mutter im Geschäft darüber ins Gespräch gekommen sind, alle haben gesagt: "Kaufts euch doch einen **Topolino**".

Und was kochen wir heute?

Makkaronipastete

10 dkg Schinken oder Selchfleisch, gehackt, 30 dkg Makkaroni, ungebrochen, 4 Eßlöffel Thea, 4 Eier, 1/8 l saurer Rahm, 5 dkg Parmesan, Salz, Muskat

1. Makkaroni weichkochen, nicht abschwemmen, abtropfen lassen.
2. Eine Bombenform oder passenden Topf gut einfetten, spiralförmig bis zum Rand hinauf mit Makkaroni auslegen. Die übrigen Makkaroni kleinschneiden.
3. Thea mit Dottern schaumig rühren, den Schnee von 4 Eiern, Rahm, geschnittene Makkaroni, Schinken und Parmesan, Salz und Muskat vorsichtig einrühren und die Masse in die ausgelegte Form füllen.
4. Im Wasserbad eine 3/4 Stunde zugedeckt kochen. Mit Tomatensauce servieren. **Sie brauchen 5/4 Stunden.**

(Aus „Jeden Tag gut essen" von Thea)

ZÁVODY JAWA 9. KVĚTNA

MOTORROLLERBAU
JOS. WALTER
Colibri
Colibri
SPORTMOTORROLLER

Generalvertretung A SCHLAMADINGER
GRAZ CONRAD V. HÖTZENDORFSTR. 6
VINCENT
BLACK PRINCE
BLACK KNIGHT
VIKTOR
Um Jahre voraus

Liebe Ursula!
Wie abgemacht - Sonntag
mit der Combinette.
Lieb Dein Walter.
ZÜNDAPP
Combinette S

1956

Freiheit auf – noch – zwei Rädern

Das Jahr 1956 und die Welt

Aufstände im Osten, Scheibenbremsen im Westen. Der Ozean hat einen Rücken und der Mensch 46 Chromosomen

Auf dem XX. Parteitag der KPdSU verurteilt **Chruschtschow** im Februar den Personenkult und **Machtmißbrauch der Stalin-Ära**. Diese Äußerungen werden von einigen Oppositionsgruppen im Ostblock als **Lockerung der Sowjetkontrolle** mißverstanden.
Im Juni kommt es nach einem Generalstreik im polnischen Posen zu offener Revolte, die vom Militär niedergeschlagen wird (53 Tote).
In **Ungarn** bricht am 21.10. ein **Volksaufstand** los. **Reformpolitiker Imre Nágy** wird Ministerpräsident, Ungarn tritt aus dem Warschauer Pakt aus und erklärt seine Neutralität.
Am 4.11. wird der Aufstand durch russische Panzer unter großen Verlusten auf beiden Seiten zerschlagen. Nágy wird verhaftet und 1958 hingerichtet. Über 200.000 Ungarn fliehen in den Westen. Österreich bestätigt sich als d a s Asylland.
In Zypern lassen die dort herrschenden Engländer **Erzbischof Makarios III.** verhaften und deportieren und lösen damit die **Zypernkrise** aus.
Tunesien wird von Frankreich unabhängig.

Zu den **Olympischen Spielen in Melbourne** tritt erstmals eine gesamtdeutsche Mannschaft an. Zum Ärger der USA kassiert die Sowjetunion die meisten Medaillen.

Bei einigen PKW-Modellen (Citroen, Triumph, Jensen) löst die **Scheibenbremse** die Trommelbremse ab; technisch ist die Scheibenbremse allerdings keineswegs neu. Erste Ausführungen waren schon 1906 im Einsatz.

Bruce Charles Heesten entdeckt den mittelozeanischen Rücken, das weltumspannende Graben- und Gebirgssystem.
In einem großangelegten Feldversuch wird die **Antibabypille** in Puerto Rico getestet.

In Cortina d'Ampezzo (Italien) feiert das Fernsehen sein Debüt bei Olympischen Winterspielen.

Die amerikanische Firma **CBS** stellt den "**VR 1000**", das erste für den Konsumenten bestimmte Videoaufnahmegerät, her.
Der russisch-stämmige **US-Physiker Wladimir Zworykin** verbreitet seine Ideen zur Verwendung des **Computers in der Medizin** und im Krankenhaus. Es handelt sich um die erste Stufe eines "**Krankenhausinformationssystems**."

Die **US-Biologen Joe Hin Tijo** und **Albert Levan** entdecken, daß der Mensch 46 **Chromosomen** hat.
Der **US-Psychotherapeut Alexander Lowen**, ein Schüler von Wilhelm Reich, gründet das "**Institut für Bioenergetische Analyse**".

Die Programmiersprache **FORTRAN** wird entwickelt, das erste **transatlantische Telefonkabel** wird in Betrieb genommen und **Karel Appel** malt das Portrait des Dr. Roumeguère.

Voller Kanal

Weil die Amerikaner den Ausbau des **Assuanstaudamm**es nicht unterstützen wollen, läßt der ägyptische Staatspräsident Nasser die aus 22 nicht-ägyptischen Nationen zusammengesetzte **Suez-Kanal-Gesellschaft** enteignen, um das Assuanprojekt aus den Kanaleinnahmen zu finanzieren. Einen Monat vorher waren die letzten Soldaten der einstigen Kolonialmacht Großbritannien abgezogen. England und Frankreich protestieren.
Israel bietet mit einem Angriff auf Ägypten für London und Paris einen guten Vorwand zum militärischen Eingreifen.
Nach schweren Bombardements setzen die Alliierten Frankreich und England Luftlandetruppen in der von den Ägyptern verbissen verteidigten Suez-Kanalzone ab.

Die USA und die UdSSR verurteilen die Intervention scharf, letztere droht mit Militäraktionen. Der Weltfrieden steht wieder einmal auf des Messers Schneide, als die Supermächte sich gegenseitig mit Einsatz von Atomwaffen drohen. Durch Vermittlung der UNO wird eine Ausweitung des Krieges verhindert und die Angreifer werden zum Einlenken bewegt. Ein Ölboykott der arabischen Staaten gegen England und Frankreich macht deren Ohnmacht mehr als deutlich.
Die UNO deckt den Abzug der Alliierten.
Blamables Ergebnis: Das militärische Ziel der Alliierten ist nicht erreicht. Politisch haben die Angreifer erheblich an Ansehen verloren. Und der Suezkanal ist nicht mehr befahrbar, weil er von 46 versenkten Schiffen blockiert ist....

Gestorben sind

Dichter und Dramatiker Bertolt Brecht; **Maler Emil Nolde**; die **Chansonette Mistinguett** und **Pianist Walter Gieseking**.

Österreich im Jahr 1956

Opernball in Wien, Floridsdorfer Lokomotiven für Indien. Toni ist ein Goldjunge und an der Wiener Börse gehts heiß her.

Die österreichische LuftverkehrsAG "**Air Austria**" wird gegründet.
Erste Ausmusterung von sechs Leutnants und 14 Fähnrichen des Bundesheeres in der Wiener Fasangartenkaserne.
Der Verein "**Weltgewerkschaftsbund**" mit dem Sitz in Wien wird behördlich aufgelöst: Die kommunistische Organisation überschritt ihren Wirkungskreis und gefährdete österreichische staatliche Interessen.
Erster **Opernball** nach dem Krieg.
Rund 25 % des **Bundesbahnnetz**es (1.456 km) sind elektrifiziert.
Das Gebäude der **Wiener Börse** fällt einem Großbrand zum Opfer.
Im Sendesaal des **Funkhauses** in der Argentinierstraße findet die erste öffentlich zugängliche Fernsehsendung statt.
Im Messepalast findet die erste Musterung für das **österreichische Bundesheer** statt, vom stellungspflichtigen Geburtsjahrgang 1937 sind von 32.482 gemusterten Wehrpflichtigen 26.362 tauglich.
Große Kundgebung für **Südtirol** auf dem Wiener Rathausplatz. Ein Zug von 5.000 Menschen bewegt sich vom Schwarzenbergplatz zum Veranstaltungsort, 12.000 Menschen stehen im Spalier. Bürgermeister **Franz Jonas** muß seine Ansprache abbrechen, weil seine Ausführungen das Mißfallen der Teilnehmer erregen. Er erklärt, daß Österreich nichts ferner liege, als die freundschaftlichen Beziehungen zum italienischen Nachbarn trüben zu wollen.
Der Dirigent **Herbert von Karajan** übernimmt die künstlerische Leitung der Wiener Staatsoper.
Die **Wiener Lokomotiv Fabrik AG** Wien Floridsdorf erhält von Indien einen Auftrag auf 80 Schnellzugdampflokomotiven.

Wo soll das nur hinführen...

„Die Jugend von heute", schreibt der bekannte Wiener Psychiater **Hans Hoff** im Juni 1956, „sei erschreckend anders". Er führt das „**Halbstarkenwesen**" auf die Frühreife des Körpers, die Einflüsse der Zivilisation und auf eine seelische Nichtbetreuung durch die berufstätigen Eltern zurück.
Die Jugend beuge sich nur noch „sehr zögernd der Autorität", fährt Professor Hoff fort und gibt die Schuld daran vor allem der „**Reizüberflutung**" durch Reklame, den „aufreizenden Bildern" und den „mehr als zweideutigen Büchern und Heften."

Von Leseratten und Bücherwürmern

Wurden 1956 in Österreich noch rund 300.000 **Alan-Wilton**-, **Jerry-Cotton**- und die unvermeidlichen **Heimatromanhefte** verkauft, bezogen 1960 412.000 Leser aus **Buchgemeinschaften** ihren Lektürestoff.
Österreich steht mit seiner **Buchhandelsdichte** 1961 an erster und mit seinen Lesegewohnheiten an neunter Stelle der Weltrangliste.
In diesem Jahr bieten 89 Verlage 1.500 Titel auf der seit 1947 jährlich abgehaltenen Österreichischen Buchmesse an.
Die Lesefreudigkeit nimmt jährlich um 3 bis 7 % zu. Besuchen im Jahre 1959 die Wiener Städtischen Büchereien 52.687 Kunden, für die 288.889 Bücher bereitliegen, so sind es 1960 bereits 55.703 Leser, die unter 330.716 Titeln wählen können.
1961 kann man im deutschsprachigen Raum auf 53 Millionen verkaufte Taschenbücher verweisen.

Rock 'n' Roller

Zwischen 1950 und 1956 wird vor allem in Österreich der **Roller** und das **Motorrad** als Sinnbild von Erfolg und **Zeitgeist** angesehen.

Die **Vespa** beginnt ihren Siegeszug; denn Autos sind ohnehin meist unerschwinglich. Von Audrey Hepburn bis John Wayne – Hollywood liebt die kleinen Roller aus Italien. Was seine Wirkung nicht verfehlt. Schon nach wenigen Jahren wird die Vespa in 114 Ländern verkauft – ein neues **Kultfahrzeug** ist geboren. Im September 1955 findet im Innenhof des Wiener Rathauses ein **Vespatreffen** statt, Vizebürgermeister Afritsch hält die Begrüßungsrede.

Die Öffentlichkeit nimmt auch an **Rennsportveranstaltungen** regen Anteil; an den Schauplätzen tummeln sich Promis.

Schauspieler Paul Hörbiger gratuliert den Wiener Speedway-Cracks Killmeyer und Dirtl

Motorradmarken wie **Jawa**, **Puch**, **BMW**, **BSA**, **Horex** und **Gilera** klingen noch heute wie Melodien in den Ohren der Zweiradfahrer.

Kein Zweifel, Motorrad und -roller bieten zunächst einen Teil jenes Hauchs von Freiheit und Ungebundenheit, den man in den Fünfzigern so dringend sucht und der sich schließlich im Aufbegehren der Jugend manifestiert.

Russischer Kehraus

Der Wiener Gemeinderat beschließt, jene Verkehrsflächen, die während der Besatzungszeit russische Namen trugen, wieder mit ihren alten Namen zu benennen: Die **Malinowsky-Brücke** soll wieder Floridsdorfer Brücke heißen, die "Brücke der Roten Armee" wieder Reichsbrücke, die Tolbuchinstraße wieder Laxenburgerstraße. Im Zuge der Namensänderungen wird auch der Parlamentsring in Dr.-Karl-Renner-Ring umbenannt. Und auch der Panzer auf dem Schwarzenbergplatz verschwindet.

Nixon und das Ungarngate

Beginn des **Volksaufstandes in Ungarn**. Bei einer Sondersitzung der österreichischen Bundesregierung wegen der Situation in Ungarn werden Maßnahmen zur Grenz-Sicherung und zur Aufnahme von Flüchtlingen getroffen, ein Appell an die Sowjetregierung und an den UN-Sicherheitsrat gerichtet.
Zigtausende Flüchtlinge kommen nach dem gescheiterten Volksaufstand in Ungarn nach Österreich, viele von ihnen bleiben in Wien.
In Österreich herrscht Angst vor einer Invasion durch die Russen. Das **Bundesheer** und die **B-Gendarmerie** nehmen Aufstellung an der Grenze.
Im Laufe der Hilfsaktionen nimmt Österreich 152.218 ungarische Flüchtlinge auf.
Schließlich fliegt sogar **US-Vizepräsident Richard Nixon** nach Wien, um sich über das Problem der Ungarnflüchtlinge zu informieren.

Weiße Olympiade: Österreich räumt ab

VII. Olympische Winterspiele in Cortina d'Ampezzo (Italien): vier Gold-, vier Silber- und drei Bronzemedaillen. Abfahrt der Herren: 1. **Toni Sailer**, Slalom der Herren: 1. Toni Sailer, Riesenslalom der Herren: 1. Toni Sailer. Da die Spiele zugleich als Weltmeisterschaft gewertet werden, ist Toni Sailer auch Weltmeister in allen alpinen Disziplinen sowie in der Kombination.

Deutschland im Jahr 1956

Schwarzes Jahr für Verkehrssünder im Westen und Demokratiewillige im Osten.

Deutschland beginnt mit der Aufstellung von Freiwilligenverbänden zum Aufbau der Bundeswehr, eine 12-monatige **Wehrpflicht** wird eingeführt.
In der DDR wird inzwischen die Nationale Volksarmee aus Verbänden **der Volkspolizei** rekrutiert, außerdem tritt Ostdeutschland dem Warschauer Pakt bei.
In der BRD wird die KPD als verfassungsfeindlich eingestuft und verboten.

Im August wird die Jugendzeitschrift **BRAVO** gegründet (s. Bild re.).
Peter Kraus steht bald darauf Modell für den ersten **Starschnitt-Poster** in Lebensgröße.

Nachdem auch in der DDR Forderungen nach **Entstalinisierung** und Demokratisierung laut werden, veranlaßt Walter Ulbricht nach Niederschlagung des Ungarnaufstandes eine härtere Linie der SED und einige **Säuberungsaktionen** zur Unterdrückung jeder Opposition.

Die Errichtung einer zentralen **Verkehrssünder-Kartei** in Flensburg wird beschlossen.

"Dabei hatte alles so schön angefangen: Der Verkehr schob sich schier endlos durch die Straßen, Autowaschen wurde zum Hobby. Christophorus als Plakette, Kissen, Häkeldecke, Aufkleber ("Schau an, der war schon in Berchtesgaden, in Salzburg, an der Nordsee!") Der Mercedes war wieder da - man nannte ihn bald den "dicken Mercedes" und wer ihn sich nicht leisten konnte, bezeichnete ihn verächtlich als "Metzgerauto" (Metzger, Fleischer, Schlachter konnten sich schnell alles leisten).

... dem Goggomobil, in das man nur mit dem Schuhlöffel
einsteigen konnte, folgte bestenfalls der Opel "Kapitän" mit einem Kühler, der aussah wie eine Music-Box.
Rund war das Design des BMW...
Noch liebte man das Auto (den Stau akzeptierte man vor-
läufig als Zeichen des Fortschritts) und bestieg es am
Wochenende freiwillig, ohne jede Notwendigkeit, und
fuhr ins Grüne oder zu Verwandten. Vor allem zu sol-
chen, die man eigentlich nicht leiden konnte, um ihnen
das neue Auto zu zeigen - daß es neuer, größer war als
das der Besuchten! Wochenende für Wochenende wälzte
sich ein Strom sich besuchender Verwandter über die
Straßen, mit Kindern, denen hinten schlecht wurde,
Frauen, die Papas Fahrkünste kritisierten, und Männern,
die andere Fahrer mit Flüchen bedachten ("Sonntagsfah-
rer!" "Frau am Steuer!")...

(Zitate aus "Go west!" von Hellmuth Karasek)

Konrad Adenauer bildet die Regierung um, **Franz Josef Strauß** wird neuer Ver-
teidigungsminister.
Der Deutsche Bundestag verabschiedet das Gesetz über die Krankenversiche-
rung der Rentner.

Und was kochen wir heute?

Rumänische Polpetti

**Faschiertes aus je 20 dkg Kalb-, Rind- und Schweinefleisch, 5
dkg Selchspeck in Scheiben, 1/4 kg Tomaten, geviertelt, 2 grüne
Paprika, feinnudelig, 2 große Kartoffeln, würfelig, 2 Zwiebeln, kleingehackt, 2 Eßlöffel Thea, 2
Eier, Suppe zum Aufgießen, 1/16 l Weißwein, Salz, Muskat und Curry.**

1. Das Faschierte mit gerösteten Zwiebeln, 2 Eiern, Salz und Gewürzen, etwas Suppe oder Milch gut durchmengen.
2. Paradeiser, Paprika und Zwiebeln in Thea anrösten, die rohen Kartoffelwürfel dazugeben, salzen, mit Suppe aufgießen und weichdünsten.
3. In einer Kasserolle Thea erhitzen; aus der Fleischmasse kleine Kugeln formen, hineingeben, mit Speckscheiben belegen und im heißen Rohr 5 bis 8 Minuten braten.
4. Die Polpetti mit dem fertigen Gemüse und Wein übergießen, kurz ins Rohr stellen und sofort servieren. **Sie brauchen 3/4 Stunden.** (Aus „Jeden Tag gut essen" von Thea)

Unser aller Stolz . . .
ist unser ALEXANDER, denn dieser Wagen spricht für sich und für den guten Geschmack seines Besitzers. Betrachten auch Sie einmal die zeitlose, unaufdringliche Eleganz seiner Karosserie, die reiche Auswahl an leuchtenden oder modisch dezenten Farbtönen. Nehmen Sie bitte selbst einmal Platz auf den geschmackvoll bezogenen, schaumstoffgepolsterten Sitzen und prüfen Sie all die großen und kleinen technischen Raffinessen, die eine Fahrt im Alexander so angenehm und so sicher machen. Jahrelange sorgfältige Entwicklung gibt diesem Wagen seine ausgereifte und gediegene Note. Darum ist bei dem ALEXANDER auch so vieles selbstverständlich: der Platz für 4 erwachsene Personen, ein geräumiger Kofferraum, der von außen und innen zugänglich ist, sein luftgekühlter, robuster Motor mit guten 100 km/h Reisegeschwindigkeit, eine hervorragende Straßenlage durch Frontantrieb und progressive Federung. Selbstverständlich finden Sie auch im In- und Ausland überall seit Jahren bewährte und eingearbeitete Kundendienst-Werkstätten. Sie sehen selbst: der ALEXANDER ist ein Wagen von Format und kein Experiment, denn er ist vieltausendfach im Einsatz erprobt. Darum: WER SICH MEHR LEISTEN WILL, FÄHRT EINEN ALEXANDER.
LLOYD 600 Standard 3580 DM • LLOYD ALEXANDER 3780 DM
78 DM für Heiz. • a.W. Viergang-Vollsynchrongetriebe 200 DM
Orchidee
HH-KA 244
LLOYD Alexander
LLOYD

HB-AK 888
Goliath 1100
coupé
Eine Persönlichkeit unter den Automobilen
mit der Idealkonstruktion Frontantrieb,
4 Zylinder, 4-Takt-Boxermotor
55 PS
Coupé
7600,— a. W.

Dem Autofachmann ist der Name Volvo längst nicht mehr unbekannt. Das schwedische Fahrzeug steht seit langem im Ruf, ungewöhnlich robust zu sein; es hat zudem — wenigstens in seiner Version P 444 — den Namen Volvo fast durch alle Listen namhafter Rallys und Langstreckenrennen bekannt
versagt (vgl. auch hobby 6/1955, S. 80 ff.).
Was lag daher näher, als die Konsequenzen solcher Erfahrungen zu ziehen und den vielgerühmten und bewährten inneren Organismen des Volvo durch ein gefälliges Kleid jene äußere Erscheinung zu verschaffen, die der Autokäufer unserer Zeit
IN ALLEN SÄTTELN gerecht — der Volvo 122 S Amazon. Der schwedische Wagen wirkt als elegante Stadtlimousine ebenso am Platze wie in halsbrecherischer Kurvenjagd auf sportlicher Strecke.
F-NW 21
Heißes Temperament aus dem kühlen Norden:
VOLVO 122 S
(Amazon)
Von Günther Gebhardt
71

1957

Alles dreht sich um die Eva...

Das Jahr 1957 und die Welt

Bewaffnete Soldaten als Schülerlotsen. Sputnik kommt auf den Hund, die TV-Welt wird bunt und Joseph K. will es wisssen.

Die **Europäische Wirtschaftsgemeinschaft** wird in Rom von Belgien, der BRD, Frankreich, Italien, Luxemburg und den Niederlanden gegründet, parallel dazu die **EURATOM**.
Angesichts der atomaren Aufrüstung in Westeuropa (auch England hat jetzt die H-Bombe) schlägt der polnische **Außenminister Rapacki** eine **atomwaffenfreie Zone** in Mitteleuropa vor.
In England muß Premier **Antony Eden** wegen der Suez-Krise zurücktreten. **Harold Macmillan** wird neuer Premierminister.
In den **Südstaaten der USA** läßt Präsident Eisenhower den gerichtlich angeordneten Zugang Schwarzer zu "weißen" Schulen durch das Militär schützen und überwachen, als in Arkansas sogar die Nationalgarde zur Zugangsbehinderung eingesetzt wird.
Die ehemals britischen Kolonien **Goldküste** und **Britisch-Togo** werden als neuer Staat Ghana unabhängig.

Das Farbfernsehen ist technisch ausgereift. **Henri de France** entwickelt in Frankreich das Farbfernsehsystem **SECAM**.

Die Firma **Hamilton** fertigt elektrische Armbanduhren: Sie werden von kleinen Batterien – sogenannten **Knopfzellen** – mit Strom versorgt und arbeiten mit winzigen **Schrittschaltwerken**, die den Sekundenanzeiger sprunghaft weiterschalten.

Der **Physiker Nikolaus Laing** entwickelt die **Nachtstrom-Speicherheizung**.

Die beiden britischen Virologen **Alick Isaacs** und **Jean Lindemann** entdecken ein körpereigenes Protein, das die Vermehrung von Viren hemmt. Sie nennen diese Substanz "**Interferon**."

Die US-Pharmakologen **George Ungar**, **L. Friedman** und **S. L. Shapiro** führen synthetische Verbindungen mit blutzuckersenkender Wirkung in Tablettenform in die **Therapie des Diabetes** ein.
Major Joseph Kittinger springt im Raumanzug mit einem Fallschirm in 29.644 m Höhe aus einer Ballongondel ab.

Henri Moore schafft die Skulptur einer liegenden Gewandfigur; **Max Ernst** malt die dunklen Götter und **Dietmar Lemcke** einen verlassenen Strand.
Und in Rom eröffnet das erste **Autokino** Europas.

In 45 Stunden um die Welt

Drei Bomber des Modells **Boeing B-52** umrunden den Globus im **Nonstopflug**. Sie benötigen für diese spektakuläre Aktion 45 Stunden 19 Minuten. Die gesamte Flugstrecke beträgt 39.147 km. Unterwegs werden die Maschinen viermal in der Luft aufgetankt.
Bereits 1949 hatte – erstmals – ein Flugzeug den Erdball nonstop umrundet: Eine Boeing B-50 "**Superfortress**" mit Kolbentriebwerken. Die Maschine hieß "**Lucky Lady II.**" und legte im Durchschnitt nur 378,35 km/h zurück.

Sputnik kommt auf den Hund

Mit der ersten **Interkontinentalrakete SS-6** wird der erste künstliche Satellit **Sputnik 1** in die Umlaufbahn gebracht. Er umkreist die Erde in 900 km Höhe. Bis zum Beginn der 50er Jahre arbeiten an diesem Projekt deutsche Raketenspezialisten in der UdSSR mit. Sputnik hat 58 cm Durchmesser und 86,3 kg Masse und beginnt seine Umlaufbahn in 230 km Höhe. Dort wird er von der Rakete getrennt und auf 28.000 km/h beschleunigt; er umrundet die Erde in 96 Minuten und strahlt 21 Tage lang auf den Frequenzen 20 und 40 Megahertz Signale ab. Auch Funkamateure können sich innerhalb kürzester Zeit auf die Frequenzen einstellen. In aller Welt wird das "Piep-Piep" verfolgt. Es wird sogar eine Telefonnummer eingerichtet, unter der man ein Tonband mit dem Geräusch abhören kann.

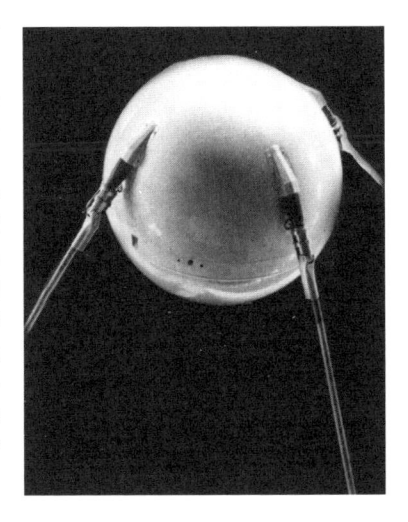

Der zweite Satellit in der Raumfahrtsgeschichte, der russische **Sputnik 2**, geht mit einem Hund an Bord in die Erdumlaufbahn. Hatte schon der erfolgreiche Start von Sputnik 1 einen Monat zuvor die westliche Welt schockiert, so löst die Mission von Sputnik 2 eine regelrechte Hysterie aus.
Schließlich beweisen damit die Sowjets einen klaren Vorsprung in der **Trägerraketenentwicklung**. Ausschlaggebend für den Neid im Westen ist vor allem die Nutzlast.
Der kegelförmige Satellit ist rund 4 m hoch und hat einen Basisdurchmesser von 1,7 m. Er umkreist die Erde in einer elliptischen Bahn in 224 bis 1661 km Höhe. Der Satellit enthält neben Meßinstrumenten und einem Funksender einen hermetisch abgeschlossenen zylindrischen Behälter von etwa 100 cm Länge und 80 cm Durchmesser. In ihm liegt die **Polarhündin Laika**.
Sie wird vom Bordsystem mit Atemsauerstoff sowie Futter und Wasser versorgt. Sieben Tage lang funkt der Satellitensender Daten über den Gesundheitszustand der Hündin sowie über Innen- und Außentemperatur und Strahlung, außerdem Sonnenmeßwerte und andere physikalische Daten zur Erde. Der Hündin schadet der Aufenthalt im Weltraum nicht. Alle Körperfunktionen sind normal. Als der Sender nach einer Woche seine Funktion einstellt, stirbt das Tier – angeblich schmerzlos. Der Sauerstoffvorrat war zu Ende gegangen.

Otto:
Wir waren damals alle wirklich überrascht, daß die Russen das erste Ding da hinaufgebracht haben, den Sputnik. Wir haben fest geglaubt, die Amerikaner! Aber dann haben die Amerikaner so darauf gepocht, daß sie als erster auf den Mond fliegen werden, das war dann ein spannender Wettlauf. Das war hochinteressant und wir haben das verfolgt, ob das jetzt Radio oder Fernsehen war. Die haben das super gebracht im Radio.

Leopoldine:
Ich kann mich erinnern, daß der russische Staatszirkus in der Staatsoper war und da war dieser berühmte Clown, der hat immer wieder seine Kappe in die Luft geschmissen und aufgefangen. Und zum Abschluß hat er das wieder getan. Und diesmal ist sie nicht mehr zurückgekommen. Da hat er sich dann hingestellt und laut gerufen: "Sputnik"!

Gerda:
SPUTNIK? War das ein Luftschiff ... Ach nein, vom Weltraum war das was! Das andere war der Zeppelin. Sputnik, ja, da hab ich schon gehört davon. Aber das haben wir grad mal so mitgekriegt, wie man halt Nachrichten hört im Radio, so nebenbei.

Peter Kraus:
SPUTNIK? Das war doch die erste Raumstation? Ach, ein Satellit! Mich hat schon der **Werner von Braun** fasziniert, schon als Kind hab ich seine Bücher verschlungen. Ich hab das natürlich verfolgt, wenn ich auch heute die Details nicht mehr so weiß, aber mich hat das brennend interessiert.

Frank Elstner:
Sputnik geisterte damals in unseren Köpfen herum, das ist klar – also Weltraumfahrt damals war russisch besetzt, man hat gekuckt, wer geht jetzt zuerst hoch. Die Leila, dann die Affen; später Gagarin, der Mensch, ...
Der Satellit – keiner hat sich jemals ausgemalt, daß wir so schnell davon profitieren! Daß wir heute eben diese fantastische Kommunikation haben mit Satellitenfernsehen, oder dieses Leitsystem im Auto, alles das wäre ohne Sputnik nicht möglich gewesen und dafür müssen wir heute den Ingenieuren von damals sehr dankbar sein.

Eine übereilte Reaktion der Amerikaner auf die ersten Erfolge der Russen führt zu einem peinlichen und teuren Flop: "Wir wußten, daß sie es tun würden", kommentiert erschüttert **Wernher von Braun** gegenüber US-Verteidigungsminister **Neil E. McElroy** den sowjetischen Satellitenstart. "Mr. McElroy, geben Sie uns eine Chance! Wir können einen Satelliten binnen 60 Tagen starten!"
Verfrüht kündigt das Weiße Haus einen ersten amerikanischen Satellitenstart noch für Dezember 1957 an – ein reines Prestigeprojekt: Der geplante Erdtrabant soll nur 16 cm Durchmesser haben, keine Instrumente enthalten und nur ein Erkennungssignal abgeben. Der für den 4. Dezember geplante Start wird abgebrochen und auf den 6. Dezember verschoben. Zwei Sekunden nach dem Abheben explodiert die millionenteure Jupiter-Rakete der NASA...

Wer kriegt Fangio?

Juan Manuel Fangio wird zum 5. Mal **Formel-1-Weltmeister** (nach 1951 und 1954 bis 56). Der sympathische argentinische Haudegen aus der Rennfahrerszene startete in 51 Grand-Prix-Rennen, von denen er 24 als Sieger beendete. Seine grössten Erfolge feierte er bei **Maserati** und im Mercedes-Silberpfeil.

Gestorben sind

US-Polarforscher **Richard Evelyn Byrd**; **Schriftsteller Alfred Döblin**; Schriftstellerin **Dorothy L. Sayers**; Maler **Diego Rivera**; **Komponist Jean Sibelius**; Dirigent **Arturo Toscanini**, Modeschöpfer **Christian Dior**.

Österreich im Jahr 1957

Ein Tag ohne Flimmerkiste, die Wiener Stadtverwaltung macht auf Kundendienst und Hermann bleibt am Berg

Beginn des regelmäßigen Fernsehbetriebes in Österreich. An sechs Tagen der Woche wird ab 20.00 Uhr ein regelmäßiges Fernsehprogramm ausgestrahlt.
Bundespräsident General a.D. **Theodor Körner** stirbt in Wien.
Die ersten **Düsenjäger** werden dem Bundesheer übergeben.
Die Wiener Stadtverwaltung, Abteilung für Personalwesen, unter der Leitung des amtsführenden Stadtrates Hans Riemer, beginnt, die städtischen Beamten einer Kundendienst-Schulung zu unterziehen.
Die österreichische **Karakorumexpedition** (**Hermann Buhl**, **Diernberger**, **Schmuck**, **Wintersteller**) ersteigt den 8.047 m hohen **Broad Peak**.
Kurz darauf stürzt Hermann Buhl beim Aufstieg auf den **Chequelsia-Gipfel** im Baltoro-Gletschergebiet 300 m tief ab. Vergeblich wird versucht, seinen Leichnam zu bergen.
Der Ministerrat beschließt die Gründung der **Österreichischen Rundfunkgesellschaft m.b.H**.
Die Sowjetunion erklärt sich einverstanden, daß Österreich 1957 statt 100.000 t Erdöl Waren liefert.
Das Bronzestandbild Kaiser Franz Josefs I., ein Abguß einer Steinstatue von Johannes Penk, wird im Wiener Burggarten durch private Initiative aufgestellt.
In der Korneuburger Schiffswerft geht der im Auftrag der in Bremen beheimateten Schifffahrtslinie "**Neptun**" erbaute 1.500-Tonnen-Motorfrachter "**Perseus**" vom Stapel.
Der Bahnbetrieb auf der Salzkammergutlokalbahn (Salzburg - Bad Ischl), der "**Feurige Elias**", wird eingestellt.
Ein neuer Trinkwasserspeicher (für Wien) wird in Neusiedl am Steinfeld (Niederösterreich) in Betrieb genommen; er ist der größte Europas.

Österreichs Fußballer schicken Luxemburg mit 7:0 und Holland mit 3:2 nach Hause.

Die Österreicher verdienen im Durchschnitt 1.700 Schilling (123,5 Euro), ein "Puch 500" kostet 23.800 Schilling (1671,50 Euro), ein Liter **Normalbenzin** 3,80 Schilling (0,27 Euro).

Und Ende November 1957 urteilt die **Große Österreich-Illustrierte**:
"Es geht uns gut. Die Tische biegen sich und die Geschäftsleute haben alle Hände voll zu tun."
Im Vergleich zum Vorjahr werden um 55.000 Kilogramm Geflügel mehr verspeist, dabei erwartet man für die kommenden Weihnachtswochen noch eine Steigerung von bis zu 20 Prozent.

„Gut, für wenig Geld": Ein "Puch 500" kostete 23.800 Schilling (1671,50 Euro)

Pirron & Knapp sehen sich im Warenhaus näher um.

IM WARENHAUS

Neonröhren, Warenhaus, Lichtreklame ein und aus,
fünfzehn Stock aus Glas und Stahl, riesiges Portal.

Eingang in das Warenhaus, die Menschen strömen ein und aus,
der Chefportier als Richtungsweiser ist vor Auskunft schon ganz heiser,
Spielabteilung linke Stiege, Möbelstoffe um die Biege,
nehmen Sie den Paternoster.

Elektrowaren, Stecker, Muffen, vierte Stiege, zwanzig Stufen,
Damenhemden etwas höher, komm´ Sie näher, komm´ Sie näher,
eine gute Reisedecke bitte hier um diese Ecke, bleiben Sie nicht stehen.

Ganz müde ist schon der Portier, diese Rechnung bitte Kasse vier,
wie im Bienenhaus so ein Gebrumm, es wirbelt ihn schon ganz herum.

Linke Stiege, rechte Stiege, g´radeaus, dann diese Biege,
Aufzug drei bis fünfter Stock, dann zweimal rechts und noch ein Stock,
die Wendeltreppe bringt Sie weiter, weiter bis zur Feuerleiter,
dann sind Sie bald da.

Sehen Sie sich nebenan unser´n Katalog doch an,
dort genau nach Alphabet alles d´rinnen steht.

Aquarelle, Ansichtskarten, Anzugstoffe aller Arten,
Babybetten, Badehosen, Bonbonnieren, Butterdosen,
Chronometer, Couchenschnüre, Corned Beef, Closettpapiere,
Coca Cola für Carola,
Damenkleider, Druckturbinen, Dauerwürste, Dampfmaschinen,
Erdölbohrer, Eisenbeine, Elektroden, Edelsteine,
Fensterleder, Fotoständer, Fliegenfänger, Fernsehsender,
frischestes Fru-Fru.

Geigen, Garne, Ganggard´robe, Hüte, Herde, Horoskope,
Krane, Koks- und Kohlenkübel, Knöpfe, Käse, Kinderstiefel,

Lampenschirme, g´rade, schiefe, Lessings
lange Liebesbriefe,
Mühlen, Masken, Matten, Mieder, Malzkaff-
fee, Matrosenlieder,
Pinsel, Pudel und Parolen, Palmenwedel, Pen-
derolen,
Alles, was Sie wollen.

Aber auch in Politik sind wir gut sortiert
zum Glück,
liefern jede Stückezahl, alles frei nach
Wahl:

Wirtschaftskrisen, Konferenzen, Sanktio-
nen, Landesgrenzen,
Demokraten, Flugzeugträger, Menschheits-
rechte, Minenleger,
Rassenhass, Atomspione, Kriegsverbrecher,
Pufferzone,
Revolutionen und Kanonen.
Gipfeltreffen, Hochverräter, Klassenkämp-
fe, Attentäter,
Könige, Besatzungstruppen, Senatoren, Pan-
zerkuppen,
Angriffspakte, Ultimaten, Marschbefehle,

139

Diplomaten,
Interventionen.
Feme, Mörder, Volksexzesse, Hintermänner, Schauprozesse,
Millionen von Registertonnen, ein Dutzend Lohn- und Preisabkommen.

Präsidenten, Emigranten, Aktennoten, Memoranden,
Generale, Diktatoren, Sateliten, Aggressoren,
Freiheitskämpfer, Internierte, Bomben, Sputniks, Alliierte,
Monarchisten, Terroristen,

Aufmarschpläne, Friedenspläne, zwo-drei-vier-fünfjahres Pläne,
Veto, Streiks, Soldaten, Schieber, Mondraketen, Düsenflieger,
Invasoren, Sprengstofflager, alles haben wir auf Lager,
leider nicht, aber leider nicht, aber leider nicht den Frieden.

Benehmen Sie sich

In den 50ern herrscht eine Mischung aus **Benimm** und **Spießigkeit**, die Fünfziger sind Jahre des Anstands, der sich im Betragen und Benehmen äußert. Durch Gesellschafts- und **Benimmregeln** soll die zerstörte Welt wieder verfugt werden.

Schon der korrekte Lokalbesuch eines Paares nimmt Züge eines protokollarischen Staatsaktes an: Der Dame hilft nicht der Ober, sondern ihr Begleiter in den Mantel. Er legt übrigens zuerst ab und zieht sich auch zuerst an, bevor er ihr behilflich ist. Die Dame darf auch nicht direkt beim Ober bestellen, sondern wählt aus einer Speisenauswahl, die ihr der Begleiter vorschlägt, der Herr bestellt dann beim Ober für beide.
Später gibt es die "**Damenkarte**", diese ist, um die Damen nicht in Verlegenheit zu bringen, ohne Preisangabe ausgeführt.

Punkto **Anstandsregeln** kannst Du ja auch ein Lied singen,

FURCHTBAR! SCHRECKLICH! UNGLAUBLICH!

Wie kann man nur so gegen den Knigge verstoßen??? **Rittlings** auf einem Stuhl sitzen — die Hand in der **Hosentasche** — so etwas sorgte in den fünfziger Jahren schon für Schlagzeilen. **Skandal!!!** — wenn man bedenkt, was man heute alles anstellen muß, um in die Zeitung zu kommen...

Gib die Hände aus der Tasche, Peter!

Daran sollten sich die vielen Tausend jungen Anhänger des Sängers und Filmstars Peter Kraus kein Beispiel nehmen: Als die bekannte amerikanische Schlagersängerin Connie Francis auf dem Flughafen von Wien-Schwechat ankam, begrüßte sie Sängerkollege Peter Kraus, 21 Jahre alt und vom Wehrdienst befreit lässig mit einer Hand in der Tasche und einem Kuß auf die Wange. Das war sehr ungezogen, Peter! Das mit der Hand in der Tasche.

Peter Kraus:
Also, was damals alles große Skandale ausgelöst hat – z.B. als ich einmal verkehrt am Stuhl in der Öffentlichkeit saß (was wir dann ja sehr auf die Schippe genommen haben) – stand das gleich in der Zeitung – als ob sich heute der

Boris Becker scheiden läßt. Oder wie ich die **Conny Francis** in Wien abgeholt hab, mit der Hand in der Tasche, also da wird spätestens klar, wie die Zeit insofern ganz anders war.
Ich hatte als Idol der Jugend schon große Vorbildfunktion, Plattenfirma, Producer und Manager haben in mir das Idolbild der Teenagergruppe gesehen. Ich will damit sagen, daß der Anstand oder die Anstandsbücher da schon sehr, sehr wichtig waren, in dieser Zeit.

Peter saß verkehrt

Die Benimmregeln dieser Jahre werden von Loriot köstlich parodiert.
In der Illustrierten STERN berät er in heiklen Situationen:
„Ein Brandloch im Teppich lässt sich schlecht verheimlichen ... setzen Sie das ganze Haus in Brand, dann merkt's keiner!"

Die Fülle der Regeln ist zunächst gar nicht so leicht zu überblicken. Eine Menge Ratgeber kommen darauf auf den Markt. Neben speziellen Büchlein, die vorgeben, wie "mann" oder "frau" zu sein hat, gibt es auch besondere Gustostückerl...

1957, also mehr als zwölf Jahre nach dem Ende des Dritten Reiches, bringt **Willy Elmayer-Vestenbrugg**, ehemaliger Offizier und Besitzer einer Wiener Tanzschule, das Buch "**Gutes Benehmen wieder gefragt**" heraus.
Was darin angeführt wird, hat zeitlose Gültigkeit; manches läßt uns heute erstaunen, wieder anderes erscheint recht interessant – upps, war ich jetzt nicht gerade ein wenig unhöflich? Mal nachlesen ...

Interessant, nicht wahr...

Ein Auszug aus dem Buch "Gutes Benehmen wieder gefragt":

Um ein richtiges Deutsch zu sprechen, muß man Grammatik und Satzbau unserer Muttersprache beherrschen und auch über die Fähigkeit der richtigen Wortwahl verfügen. Das ist aber nicht ganz einfach. Jeder Ausländer wird bestätigen, daß kaum eine andere Sprache so schwer zu erlernen ist, wie die deutsche.

Aber auch für einen Menschen mit deutscher Muttersprache bietet sie zahlreiche Schwierigkeiten, und die richtige Wortwahl ist umso weniger leicht, als die deutsche Sprache die anderen an Wortreichtum weit übertrifft. Man bemühe sich daher, sie gründlich zu erlernen und allfällige Lücken in ihrer Beherrschung mit allem Ernst und aller Zähigkeit auszufüllen. Der richtige Gebrauch des Deutschen ist selbstverständlich weit besser, feiner und vornehmer, als ein mißtönendes Gemengsel von allen möglichen fremdsprachigen Brocken, Sätzen und Ausdrücken.

Keine andere Sprache hat die Bildkraft der deutschen. Wer also diese Sprache wirklich kann, braucht keine Fremdwörter, die meist aus dem Lateinischen und Griechischen, manchmal auch aus dem Französischen und Englischen stammen. Der deutsche Fremdwörterschatz besteht zum Großteil aus verstümmelten fremdsprachigen Wörtern: individuell, interessant, interessieren, Mortalität, Vitalität usw. sind nicht lateinisch, sondern elendes Küchenlatein — ästhetisch, Psychose usw. sind nicht griechisch — Loyalität, Beletage usw. nicht französisch — Keks, Koks usw. nicht englisch — Pronunciamento, Autodafé usw. nicht spanisch —; sie alle sind Sprachgreuel.

Es besteht auch durchaus keine Veranlassung, diese oder andere Fremdwörter zu gebrauchen, denn die deutsche Sprache hat für jedes einzelne von ihnen Übersetzungen, und mit oft so feinen Schattierungen (nicht etwa Nuancen!), wie sie das Fremdwort nicht auszudrücken vermag. So hat der "Allgemeine deutsche Sprachverein" 1901 allein für die drei öden Modewörter "Interesse, interessant, interessieren" mehr als 700 Verdeutschungen angegeben!"

Na bitte. Und jetzt sagen Sie nicht, Sie hätten nicht gewußt, daß "Keks" zu den elenden Sprachgreueln zählt. Und wenn Sie das jetzt "interessant" finden – bitte verwenden Sie doch eine der 700 Verdeutschungen!

Die Frau in den 50ern

Die Ratgeber jener Jahre widmen sich aber nicht nur dem allgemeinen Benehmen. Sie widmen sich auch mit großer Vehemenz der Bearbeitung des **Frauenbild**es. Vergessen sind sie, die **Trümmerfrauen**, vergessen die Zeit, als die Frauen den Alltagskampf ohne ihre kriegsgefangenen Männer bewältigen mußten.

Motto: Der Krieg ist vorbei, der Aufbau geht vonstatten, es wird Zeit, daß wieder Ordnung einkehrt ins soziale Gefüge. Wichtig ist es dabei vor allem, daß auch jeder — und vor allem jede – die zugedachte Rolle kennt...

Aus der Zeitschrift "**Das Blatt der Hausfrau**", September 1950:

Bevor der Mann nach Hause kommt

Wenn abends der Schlüsselbund klirrt, ist das Warten eines langen Tages zu Ende und die kurzen gemeinsamen Stunden beginnen. Ob die Frau nun voll Sehnsucht gewartet hat oder im Laufe einer langen Ehe gleichgültiger geworden ist, ob ihre Zeit langsam dahingeschlichen ist, oder in einem gehetzten Alltag allzu kurz bemessen schien - immer hat sie die Pflicht, zur harmonischen Gestaltung der Abendstunden beizutragen. Voraussetzung dafür ist, daß man sich vorher auf das Heimkommen des Gatten einstellt, daß man dafür Vorbereitungen trifft. Wer sich bei einer Freundin verplaudert und erst im letzten Augenblick angelaufen kommt, kann sicher sein, daß abends irgend etwas schiefgeht, selbst wenn das Essen fertig in der Kochkiste steht. Das selbe Schicksal droht aber auch der gewissenhaften Hausfrau, die bis zur letzten Minute an ihrem Bügelbrett verharrt. Denn der Mann will bei seiner Heimkehr das Gefühl haben, erwartet zu werden. Und er hat ein Recht zu diesem Wunsch, sofern seine Frau nicht einer Berufsarbeit nachgehen muß. Mit der größten Selbstverständlichkeit treffen wir stundenlange Vorbereitungen, ehe Gäste kommen, und gehen noch bis zum letzten Augenblick mit ordnender Hand durch die Wohnung. Sollen wir uns nicht auch darauf vorbereiten, daß der Mann am Ende seines

Arbeitstages wie ein lieber Gast erwartet wird? Muß seine Heimkehr zur gewohnten Alltagserscheinung werden, wie etwa das Kommen des Briefträgers? Der Mann freut sich den ganzen Tag auf den Zeitpunkt, da ihn sein behagliches Heim umfängt, und wir - freuen uns ebenso auf ihn oder haben es wenigstens getan, bis unsere Freude allzu oft erfrieren mußte. Es ist etwas Trauriges um eine erfrorene Freude, und es tut besonders weh, wenn Belanglosigkeiten daran schuld sind.

Beide haben es schon empfunden. Mann und Frau; denn die Stunde des Wiedersehens im Alltag ist kritisch. Beide sind übermüdet und neigen dazu, enttäuscht zu sein, am stärksten dann, wenn die Vorfreude besonders groß war.

Ich will hier nicht von seelischen Problemen reden und nicht von dem vorgeschriebenen fröhlichen Gesicht, mit dem man den Gatten entgegenzueilen habe, sondern von nüchternen Alltagsdingen. Sie sind es, die leicht die Quellen der seelischen Gemeinschaft verschütten. Sie schieben sich in dem Augenblick des täglichen Wiedersehens zwischen Mann und Frau, sobald die Liebenden zu Ehe-leuten geworden sind.

Welche Vorbereitungen können wir treffen, um die trennenden Alltagswidrigkeiten zu bekämpfen und - soweit es an uns liegt - die harmonische Stimmung des Abends zu sichern? Halten wir uns vor Augen, daß der Mann in der ersten Stunde der Entspannung nach angestrengter Berufsarbeit zur Kritik neigt und leicht etwas entdeckt, das ihm mißfällt. Er ist auch empfindlich und neigt dazu, zu glauben, daß er, der Vielgeplagte, nicht genug umsorgt und berücksichtigt werde. Wehe, wenn er

gerade jetzt merkt, daß irgendein Auftrag nicht erfüllt wurde! Daß auch die Frau reichlich mit Schwierigkeiten zu kämpfen hat, daran wird er vielleicht in einer späteren Stunde denken, in der ersten sicher nicht.
Gehe, ehe dein Mann heimkommt, prüfend durch die Wohnung, und denk darüber nach, was ihn vielleicht stören könnte - du kennst ja seine Eigenheiten und besonderen Wünsche. Halte für diesen Kontrollgang täglich einen gewissen Zeitraum frei, in dem du weder für die Kinder, noch für telefonierende Freundinnen zu sprechen bist. Entferne dabei alle etwaigen 'Steine des Anstoßes' selbst auf die Gefahr hin, daß du mit weiblicher Schlauheit ein wenig 'Augenauswischerei' betreibst.
Fang im Vorzimmer an. Da sind gleich neben der Tür Fußtritte, die der Freund deines Buben soeben auf dem blanken Linoleum hinterlassen hat. Putz sie weg, sonst wird dein Mann beim Eintreten darauf zeigen, anstatt dich zu umarmen. Auf dem Stockerl hat dein Jüngster Mantel und Mütze liegen gelassen, weil er den Kleiderhaken noch nicht erreichen kann. Du bemerkst es gerade noch, ehe dein ordnungsliebender Gatte kommt. Unter Inges Handschuhen auf dem Vorzimmertisch verbirgt sich Vatis Post, die er neben seinem Teller vorzufinden wünscht. Gib seine zerrissenen Schuhe vom Schuhbankerl ins Netz - er muß nicht gleich beim Eintreten sehen, daß sie noch nicht beim Schuster sind. Im Durchgangszimmer stehen die Stühle so, wie sie der Besuch zurückgelassen hat. Der Gatte wird darüber stolpern und sich ärgern - buchstäblich ein 'Stein des Anstoßes'. Die Suppe für morgen hat eben zu kochen begonnen: dreh die Gasflamme klein, und schalte auch das Licht über dem Herd aus, sonst glaubt er, du hättest den ganzen Tag Strom verschwendet. Aus der Küche dringt der 'Duft' von gerösteten Zwiebeln; mach das Fenster auf, ehe der Gatte kommt. Rüttle den Rost des Dauerbrandofens schon jetzt, wenn du weißt, daß Vati lärmempfindlich ist.

DER TRAUM JEDER FRAU...

MODELLHAUS WIENER Chic

DIE NEUESTEN MODESCHÖPFUNGEN AUS ALLER WELT - FÜR DEN WIENER GESCHMACK ABGESTIMMT UND IN BESTER PASSFORM ANGEFERTIGT

B. SONNENFELD & V. STEPANIK

WIEN VI - MARIAHILFER STRASSE 109 - B 32 0 90

Denk daran, daß der gedeckte Tisch freundlich und anheimelnd wirkt, der ungedeckte gleichgültig und abwesend. Lieber zu früh Tisch decken, als zu spät, falls man den Zeitpunkt der Heimkehr nicht genau kennt!
Wenn die Arbeitsstunden des Mannes unregelmäßig sind, hat es die Frau bei all diesen Vorkehrungen wesentlich schwerer. Ich habe meinen Mann 'erzogen', mich vor seiner Heimkehr telephonisch anzurufen. Unterläßt er es einmal, dann erkläre ich ihm lächelnd, daß unangemeldete Gäste auf das Essen warten müssen. Immer tut die Frau gut daran, in den Abendstunden Arbeiten vorzunehmen, die sich jederzeit leicht unterbrechen lassen. Die Mutter kleiner Kinder wird über derartige Zumutungen mit Recht lächeln. Immerhin kann man vielleicht Babys Badestunde so einrichten, daß sie nicht gerade mit Vatis Heimkehr zusammenfällt. Sobald er kommt, will und muß er die Hauptperson sein und soll das auch fühlen. Dem Mann zuzuhören, wenn er erzählt, ihn zu beraten, falls er es wünscht, ist in der Stunde des täglichen Wiedersehens wichtiger als jede Hausarbeit. Wenn Vati heimkommt, soll Mutti nur für ihn dasein. Die Kinder sollen das wissen und können auch frühzeitig angehalten werden, ihrerseits den heimkehrenden Vater zu umsorgen. Peter läuft um die Pantoffeln, und Trude kommt mit dem Tee, damit die Eltern in Ruhe sprechen können."

Alles klar? Und damit sich auch die berufstätigen Leserinnen zurecht finden, gibt es Artikel wie den folgenden:

"Perfekte Sekretärin. Nicht über 25 Jahre alt. Angenehme Erscheinung.
Da liegt dieses Inserat rot angekreuzt auf dem Frühstückstisch und die Dame des Hauses erscheint mit der Kaffeekanne wie ein rächender Engel:
'Eine neue Sekretärin suchst du, das weiß ich. Aber wie du dir dieses Traumwesen vorstellst, erfährt man erst durch die Zeitung. Jung muß sie natürlich sein und

knusprig. Ob sie auch gut Schreibmaschine schreiben und stenographieren kann, das ist wohl weniger wichtig. Ich weiß schon, was sich dahinter verbirgt...'
Damit ist der schönste Morgenkrach im Hause.
Nein, liebe Freundin, so geht es wirklich nicht. Sekretäre sind nun einmal nicht mehr in Mode, also müssen sich die Männer mit einer Sekretärin begnügen und fahren im allgemeinen nicht schlecht dabei. Dagegen ist doch nichts einzuwenden. Auch daß eine gut anzuschauende junge Dame dem Geschäftsbetrieb förderlicher ist als ein mißmutiger Blaustrumpf, ist nicht zu bestreiten. Die meisten Sekretärinnen - und gerade die attraktivsten - sind froh, wenn sie sich nach Büroschluß in ihr Privatleben zurückziehen können. Und müssen wirklich einmal Überstunden gemacht werden, so ist das noch kein Grund zu finsteren Verdächtigungen.
Also warum die Aufregung?
Nun, verehrte Freundin, mit seiner Sekretärin muß sich jede Frau abfinden, und nur dann, wenn Sie von vornherein die Sekretärin als Feindin abstempeln, machen Sie dieses Wesen zur Vertrauten Ihres Mannes, im schlimmsten Fall zur Rivalin. Dabei ist alles so einfach: Frau und Sekretärin sollten Verbündete sein, denn beide sind sie Freunde des Mannes: Seine Frau im Leben, in der Ehe und seine Sekretärin im Beruf.
Darum wird sich eine kluge Frau immer mit der Sekretärin ihres Mannes gut stellen, sie nicht als Untergebene betrachten, auch ohne die gebotene Distanz aufzugeben.
Sie wird nie vergessen, daß sie beide geschaffen sind, dieses hilflose Geschöpf Mann, diese Krone der Schöpfung, über die Schwierigkeiten des Lebens hinwegzuführen.
Im nächsten Heft: Wenn der Herr des Hauses Schnupfen hat..."

Damit der engagierten Frau die Anpassung an diese **Rollenbilder** leichter fällt, werden in zahlreichen Ratgebern jener Jahre die wichtigsten Themen aufbereitet, wie Mag. Charlotte Gierlinger in ihrer Diplomarbeit über das Bild der Frau in den Fünfzigern schreibt:

Ein Auszug aus dem Inhaltsverzeichnis eines **Frauenratgeber**s:

- Die moderne Frau (Die Harmonie der Erscheinung; Der Spiegel, unser aufrichtiger Freund; Übertriebene Mimik, ein Feind der Schönheit)
- Das Gesicht, der Spiegel unserer Seele (Gesichtspflege, Hauttyp, Gesichtsdämpfe, Seifenbad)
- Grimassenschneiden, eine gute Gesichtsgymnastik
- Am Morgen 5 Minuten für unsere Schönheit
- Kleine Schönheitsfehler (Akne, Warzen, Muttermale, Sommersprossen, Haarwuchs)
- Der Schlaf als Schönheitsmittel
- Augen wie Sterne (Augenpflege, Augengymnastik, die schöne Brille, Augen und Kleiderfarbe)
- Einladende Lippen (Ein Mund zum Küssen; Mundstellung beim Sprechen; Übungen, um eine schmiegsame Linie zu erhalten; Zungenübungen)
- Zähne wie Perlen
- Der schönste Schmuck — unser Haar (Gesundes Haar; Was unsere Haare brauchen; Wäsche; Bürsten; Färben der Haare; die Frisur; Frisuren und Kopfformen)
- Eine schöne Büste (die Pflege der Brust, der Büstenhalter, Gymnastik zur Entwicklung der Büste)
- Visitenkarte Hände
- Auf die Füße kommt es an
- Sport und Gymnastik im Dienste der Schönheit
- Richtiges Atmen
- Die schlanke Linie
- Anziehungskraft Charme (Angeborener und erlernter Charme)
- Die Frau mit den Augen des Mannes gesehen (wie der Mann die Frau wünscht)
- Der Wille zur Schönheit (Liebe macht schöner)
- Die kritischen Jahre (Wechseljahre ohne Furcht)
- Das anmutige Altern (die gepflegte ältere Dame, Körperpflege, Kleidung)
- Die Dame am Schreibtisch (Anzeigen, Einladungen, Dankschreiben)

Gehen, stehen und sitzen – aber richtig

Auch die richtige Art zu gehen, stehen und sitzen wird den Frauen vorgegeben, denn sie wird auch als Teil einer anmutigen Persönlichkeit angesehen.

Für interessierte Leser und vor allem Leserinnen seien die wichtigsten Regeln hier noch einmal angeführt:

Beim Gehen folgendes beachten:

☞ Die Füße sollen nicht über Kreuz gesetzt werden, da sonst leicht der Eindruck einer "rollenden Corvette in mittelschwerer See" entstehen würde.
☞ Die Füße sollen nicht auseinander gesetzt werden, da es sonst durch die Gewichtsverlagerung zum Eindruck des Watschelns kommen würde.
☞ Die Arme sollen lose hängen, damit sie sich in natürlicher Gegenbewegung auspendeln konnten.
☞ Der Oberkörper soll nicht mit hohlem Kreuz vor sich hergeschoben werden.
☞ Trippeln ist nicht mehr zeitgemäß, da es in keiner Weise zur Erscheinung einer modernen berufstätigen Frau paßt.

Auch richtiges Sitzen will gelernt sein:

☞ Ungezwungenes und natürliches Sitzen soll nicht thronen oder hocken sein, sondern zwischen diesen beiden Extremen liegen.
☞ Man soll sich ruhig und gelassen hinsetzen, nicht etwa mit einem Ruck. Dabei soll es vermieden werden, den Rock glatt zu streichen, da das leicht affektiert wirkt.
☞ Die Füße sollten nicht nach innen oder außen gedreht werden oder gar die Knie gespreizt. Viel netter würde es dagegen wirken, die Füße etwas seitlich zu drehen und nicht kerzengerade zu stellen.
☞ Auch wenn man sich unbeobachtet fühlte, sollten die Ellenbogen nicht auf einen Tisch aufgestützt werden, denn so kann das gar nicht erst zur schlechten Angewohnheit werden.
☞ Zum richtigen Sitzen gehörte natürlich auch das richtige Aufstehen. Dabei sollte ein Fuß etwas zurückgestellt werden, um dadurch besser und anmutiger hochzukommen.

Schön und gerade stehen:

Erst einmal aufgestanden, muß auch das Stehen richtig bewältigt werden.
☞ Eine schlaffe Haltung kann die beste Figur verderben. Man sollte sich nicht mit gewölbtem Rücken hängenlassen wie ein Trauerkloß.
☞ Niemals sollte sich eine Frau breitbeinig hinstellen und ihre Hände in die Hüften stemmen.
☞ Schön gewachsene Beine könnten ihren Reiz möglicherweise verlieren, wenn die Füße beim Stehen zu sehr aus- oder einwärts gedreht werden.

☞ Es kommt auch beim Stehen darauf an, wie der Kopf gehalten wird.
Und, vor allem: Eine erfolgreiche Frau soll auch in kritischen Situationen nie den Kopf hängen lassen.

Hygiene

Amerikanische Grundsätze der **Hygiene** und der makellosen Sauberkeit kommen nach Europa: Dusche statt Badewanne, Unterwäsche täglich wechseln; all das wird zunächst mit bewunderndem Kopfschütteln übernommen.

Alsbald aber gelten – wie die Reklame jener Zeit mehr als deutlich widerspiegelt – **Körpergeruch**, **Schuppen**, **unreine Haut** und **fette Haare** zum **peinlich**sten, was einem Zeitgenossen widerfahren kann.

Von den **Schuppenshampoos**, **Deo-Stiften** und **Hautwundermittelchen** einmal abgesehen:

Bis den neuen Anforderungen entsprochen werden kann, dauert es – zumindest was die Dusche in der eigenen Wohnung betrifft – noch einige Zeit.

So haben etwa nur 14 % aller Wiener Wohnungen 1951 ein eigenes Badezimmer, 42 % haben ein Vorzimmer, 56 % aller Wohnungen haben kein Innenwasser, 60 % kein WC innerhalb der Wohnung.

Ende der Fünfziger haben viele Wohnungen wenigstens Innenwasser eingeleitet; aber noch immer hat mehr als die Hälfte aller Wohnungen kein WC und mehr als 70 % kein eigenes Badezimmer.

Also bleibt vielen, auch wenn es dort nicht immer fein zugeht, weiterhin nur das **Tröpferlbad**, das Pirron & Knapp in ihrem berühmten Lied verewigten.

Ein Klepper für alle Fälle

Nur wenige Tage nach der Zündung der ersten britischen H-Bombe am 15. Mai 1957 auf den Weihnachtsinseln im Pazifik liest man in einer Wiener Zeitung unter dem Titel „Ist Regen giftig?":
„Ob uns durch atomverseuchten Regen Gefahr droht, darüber gehen die Meinungen auseinander. Wer aber einen Kleppermantel trägt, der ist stets wohlgeborgen."

Norbert:
Kleppermantel. Das war doch eine Art Regenmantel, oder?

Heidi:
Ja, genau, so einen hab ich heute noch.

Norbert:
Der Kleppermantel war zu dieser Zeit d e r Mantel. Neben dem Klepper hat es übrigens den "**Bellaria**" gegeben.

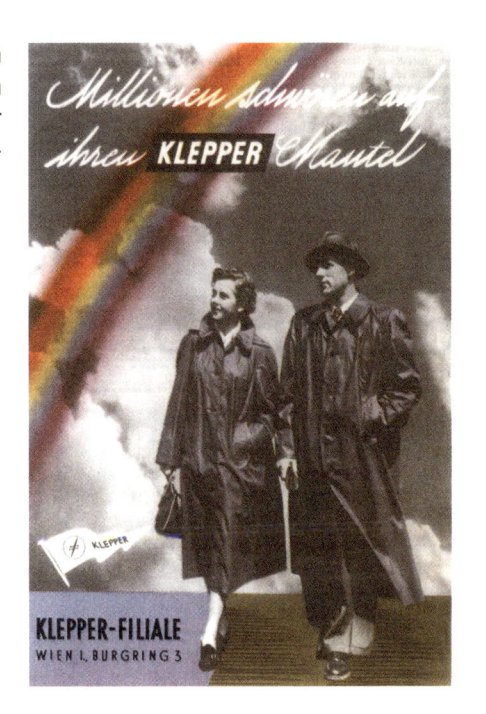

Heidi:
Ich hab noch jetzt im Rucksack einen **Wetterfleck** von Klepper, den man in ein kleines Sackerl geben kann, den hab ich immer im Rucksack.

Gerda:
Ich hab zwar keinen besessen, aber der war sehr in Mode. Der hatte hinten so einen "Koller", das ist ein aufgesetzter loser Teil, da drunter war ein Gitterstoff, damit man nicht so geschwitzt hat.
Das Material war so, daß man den Mantel sehr klein zusammenlegen konnte, oder auch, wenn man schick ausgehen wollte bei schlechtem Wetter, dann konnte man den Mantel über dem Kostüm tragen und ihn nachher locker über den Arm legen. Es war ein anderes Material als ein **Trenchcoat** – der Trenchcoat war feines Material, der Klepper war **Plastik** und eher zweckmäßig. Übrigens für Damen und Herren in einer **Fasson**.

Frank Elstner:
Der gehörte damals zur Ausrüstung dazu, wie heute diese komischen Latschen, die alle tragen – diese Holzdinger, die man früher nur im Reformhaus kriegte und die heute Einzug in die Schuhmode gehalten haben....

Nadja Tiller:
Praktisch bei Regen, ja. Ich hatte so einen **Burberry** – das ist ja im Grunde was ähnliches.

Deutschland im Jahr 1957

Ein deutscher Schilling gegen Atomkraft; Otto W. dreht durch und Nitribitt muß sterben.

In einem schweren Orkan sinkt das Schulschiff der deutschen Handelsmarine "**Pamir**" mit 86 Seeleuten an Bord, von denen nur 6 gerettet werden.

Das Saarland tritt der Bundesrepublik Deutschland als 10. Bundesland bei, nachdem endlich Einigung mit Frankreich erzielt werden konnte.
In der BRD wird die Frage der **atomaren Bewaffnung der Bundeswehr** heftig und kontrovers geführt. Sowohl die BRD als auch die DDR nehmen **Forschungs-Kernreaktoren** in Betrieb.
Dem deutschen Ingenieur **Felix Wankel** gelingt der erste Probelauf eines von ihm erfundenen neuen **Verbrennungsmotor**s mit rotierendem Kolben – der **Wankelmotor** ist geboren.

Konrad Adenauer wird zum dritten Mal Bundeskanzler.

Adi kommt nach Österreich

Im Sommer 1957 stattet Deutschlands Bundeskanzler **Konrad Adenauer** Wien einen Besuch ab. Bei der Landung am Flughafen Schwechat ist er nicht angeschnallt, verliert das Gleichgewicht und prallt mit dem Kopf gegen die Decke. Folge: Eine stark blutende Platzwunde.
Über Funk wird die auf dem Flugplatz wartende österreichische Bundesregierung verständigt, daß sich die Landung etwas verzögert, weil man dem deutschen Bundeskanzler schnell einen Verband anlegen müsse. Als Adenauer schließlich mit bandagiertem Kopf die Gangway herunterkommt, meint er zu Österreichs Kanzler Julius Raab: „Als der Hitler kam, ging es unblutiger zu."

In ganz Deutschland wird die Arbeitszeit auf **45 Stunden je Woche** verkürzt.
In der DDR wird am 1.11. **Erich Mielke** Chef des MfS Ministeriums für Staatssicherheit.
Mit einem neuen **Paßgesetz** wird der Strafbestand der Republikflucht verankert.
Chruschtschow besucht die DDR.

Das erste **Klinomobil** in der Bundesrepublik wird von der Chirurgischen Universitätsklinik Heidelberg eingesetzt. Der als Operationssaal konzipierte Bus erweist sich aber mit zunehmender Verkehrsdichte als zu wenig beweglich.
Deshalb geht man später zum "**Rendezvous-System**" über: Notarztwagen und Ambulanzwagen treffen einander am Unfallort.

18 namhafte deutsche Atomforscher warnen in ihrer "**Göttinger Erklärung**" vor einer Verharmlosung der taktischen Atomwaffen.
Der **Hämatologe Viktor Schilling** (DDR) schickt seinen Entwurf eines Aufrufs ("An die Hämatologen der Welt") an westdeutsche Kollegen, in dem er vor den Gefahren eines Atomkrieges warnt.

Skandal um Rosi

In der BRD wird nach der Erdrosselung des **Callgirl**s **Rosemarie Nitribitt** heftig diskutiert – in der Wohnung der Toten finden sich eine Vielzahl von Aufzeichnungen über hochgestellte Persönlichkeiten des öffentlichen Lebens. Da der Mord nie richtig geklärt wird, vermutet man allseits manipulierte Untersuchungen.
Die Medien schlachten den Fall lange aus, vor allem in Deutschland; Jahre danach arbeitet ein Film mit **Nadja Tiller** die Causa auf.
Und spätestens dann kennt wirklich jeder im deutschen Sprachraum den Fall Nitribitt...

Nadja Tiller:
Der Film hat mir Weltrum eingebracht, ja. Den Fall selbst habe ich vorher aber gar nicht verfolgt. Weil zu der Zeit, als das passierte, drehte ich gerade in Frankreich einen Film mit Jean Gabin. Als man mir die Geschichte dann anbot, ging ich ganz unbekümmert an die Sache heran - ich fand das Drehbuch hervorragend!
Es waren viele, auch zwei sehr renommierte Leute, jemand aus dem Springer-Haus und der Besitzer des Wiener Kuriers – die riefen mich in Paris an und meinten, ich wäre wohl verrückt geworden, die Geschichte einer Prostituierten zu spielen – jetzt, wo ich im Begriff stände, ein Star zu werden, würde dieser Film meine Karriere ruinieren!
Wahrscheinlich hätte ich, wenn ich das Ganze aus der Nähe verfolgt hätte, wenn ich in Deutschland gewesen wäre, nicht den Mut gefunden zu sagen, daß ich das machen möchte.

Leopoldine: 
Also ich kann mich an den Film sehr gut erinnern, ich hab auch vorher schon was gewußt davon, ich hab relativ viel Illustrierte gelesen – die Schwiegereltern haben einen Lesezirkel gehabt und da hab ich das alles mitgekriegt. Es hat damals sogar Witze gegeben über die Nitribitt. An einen erinnere ich mich sogar noch: "Die Nitribitt soll exhumiert werden. Man holt also den Sarg herauf und die bringen ihn nicht auf! Ja, warum nicht – weil der Zuhälter drin ist..."

Norbert: 
Die Nitribitt, da kann ich ja stundenlang erzählen... Die hatte so ein **Cabrio**, das war ja damals sozusagen ein **Luxusgefährt** – er ist gut angekommen, der Film, mit der Frau Tiller, und so wird es sich wohl auch abgespielt haben, wie das der Film zeigte.

Otto (schaut verschmitzt zu seiner Frau) 
Also persönlich hab ich sie nicht gekannt, die Nitribitt... hahaha. Nein, den Fall selber, das Private, das haben wir gar nicht einmal so mitbekommen, weil wir waren ja nicht in diesen Kreisen und wir haben andere Interessen gehabt. Wir haben wohl gelesen in der Zeitung, daß da ein Skandal war, aber so genau hat man sich da keine Gedanken gemacht. Nachher, der Film, der hat aufgeklärt, was passiert ist.

Frank Elstner: 
Nitribitt war ein damals hochinteressantes Thema, weil es in dieser verklemmten Zeit erstmalig dazu führte, daß man Eltern fragte, was ist denn eine Nutte überhaupt – was ist denn das, Prostitution, wie funktioniert das! Ich bringe das auch sehr nahe in Zusammenhang mit dem späteren Erfolg von Oswald Kolle – das war einer der Reiznamen für junge Leute, um sozusagen über "das Thema" zu sprechen.

Und Du, **Peter Kraus?** 
Nitribitt? In erster Linie erinnere ich mich, daß sie einen roten 190er SEL fuhr, das ist klar, das weiß jedes Kind. In München hatte mein Vater ja d a s In-Espresso, und ich hab ja damals, schon bevor die Nitribitt rauskam, diverse Nitribitts gekannt. Sehr gut gekannt oder zumindest über die Bescheid gewußt – es war damals ja alles immer geheim (unter der Decke), aber existiert hat alles. Nitribitts gab es viele, ebenso **Playboys** gingen bei uns im Cafe ein und aus. Die Sensation war damals nicht, daß es sowas gab, sondern, daß es einen Rums gemacht hat und sowas an die Öffentlichkeit kam.

Babykiller

Das 1957 bis 1961 in der Bundesrepublik Deutschland unter dem Namen **Contergan** frei erhältliche Schlaf- und Beruhigungsmittel Thalidomid führt zur Schädigung von etwa 5000 Neugeborenen. Die Hälfte der Babies stirbt kurz nach der Geburt, die übrigen kommen mit verkrüppelten Gliedmaßen zur Welt.
Erst 1970 wird ein Verfahren gegen die Herstellerfirma eingestellt, die rund 100 Millionen DM Entschädigungen zahlt.

Und was kochen wir heute?

Schinkenkipferln

Für etwa 20 Stück brauchen Sie:
20 dkg Mehl, 20 dkg Thea, 1 Teelöffel Essig, Salz, Eidotter zum Bestreichen. Für die Fülle: 15 dkg mageren Schinken, fein gehackt, 1/8 l sauren Rahm.

1. Aus den angegebenen Zutaten einen Blätterteig bereiten, 4 bis 5 mm dick ausrollen und in Dreiecke schneiden.
2. Schinken mit Rahm anrühren und teelöffelweise auf die Dreiecke setzen.
3. Die Teigstücke zusammenrollen, Kipferln formen, mit Dotter bestreichen, 1/4 Stunde rasten lassen.
4. Die Kipferln heiß anbacken und bei schwacher Hitze gut durchbacken.

(Aus „Jeden Tag gut essen" von Thea)

Unser Gütezeichen!

1958

Ein 50er-Kind will hoch hinaus...

Das Jahr 1958 und die Welt

Frankreich macht den Präsidenten stark, China seine Bauern schwach. Boris bringt den Preis zurück und Donald sieht sich ein Baby an.

Nikita Chruschtschow übernimmt den Posten des sowjetischen Ministerpräsidenten.
In den westlichen Industriestaaten formiert sich der Bürger- und Akademikerprotest gegen die Atomwaffen.
In Frankreich stürzt die Regierung über die **Algerienkrise**, der Ruf nach einem starken Mann bringt Weltkriegsgeneral **de Gaulle** an die Präsidentenmacht. Und er bekommt weitreichende Befugnisse – man spricht von der "**5. Republik**".
Wirtschaftsrezession in den USA.
Ungeachtet dessen intervenieren Amerikaner und Briten militärisch bei Aufständen im Libanon und in Jordanien.
Im Irak wird **König Feisal II.** von putschenden Militärs ermordet.
In China wird die Landwirtschaft in Kommunen organisiert und durch die Enteignung der Bauern einer der lebenswichtigen Eckpfeiler der chinesischen Gesellschaft zerstört.
Das **Europäische Parlament** konstituiert sich in Straßburg.
In Genf wird die "**Zwölfmeilenzone**" als Hoheitsgebiet völkerrechtlich festgelegt. Damit wird die seit dem 18.Jhdt. als Gewohnheitsrecht definierte "**Dreimeilenzone**" abgelöst.

Das Wahrzeichen der Weltausstellung in Brüssel ist das "**Atomium**".

Der erste amerikanische künstliche Satellit wird gestartet. Ein Versuch der Amerikaner, eine Rakete zum Mond zu schießen, scheitert an mangelhafter Raketentechnik. Dafür wird der erdumspannende **van-Allen-Strahlungsgürtel** entdeckt, der Instrumentenausfälle verursacht.

Das 1954 in Dienst gestellte Atom-U-Boot "Nautilus" untertaucht den Nordpol; die UdSSR stellt den atomgetriebenen Eisbrecher "**Lenin**" in Dienst.

Die Amerikaner starten eine **Antarktis-Expedition**. **Edmund P. Hillary**, der neuseeländische Bergsteiger und Polarforscher, erreicht den Südpol.

Der britische **Gynäkologe Ian Donald** kann mit **Ultraschalltechnik** Bilder vom Kind im Mutterleib fertigen.

Und **Jack S. Kilby** bei der US-Firma **Texas Instruments** baut den ersten **Computer-Chip**.

Auf Druck der sowjetischen Regierung muß der russische Schriftsteller **Boris Pasternak** den ihm zuerkannten Nobelpreis für Literatur wieder zurückgeben.
Neuer Papst wird der Italiener **Angelo Giuseppe Roncalli** als **Johannes XXIII** (siehe auch Seite 170).

Die ersten **Stereo-Schallplatten** erscheinen auf dem Markt.
Nach Stahl und Öl nimmt weltweit die Schlagerindustrie bereits den dritten Platz in der Weltwirtschaft ein. 
Peter Kraus etwa verkauft z.B. von „**Tutti Frutti**" mehr als 100.000 Tonträger (Singles und Schellacks). 1957-60 nahm Peter Kraus unter dem Management von Mendelson 36 Singles auf.

In den deutschsprachigen Kinos läuft "**Wenn die Conny mit dem Peter**" mit Conny Froboess und Peter Kraus. Auch mit seinen Schlagern stürmt er weiter die Hitparaden.

Frank Elstner:
Peter war damals von allen beneidet, wir sind etwa gleich alt – er war halt der Junge, der's geschafft hat. Er war der Junge mit dem Sportwagen, er war der Junge, dem die Mädchen mit Lippenstift auf's Auto geschrieben haben, er war die Heulboje, er war damals der deutsche Elvis Presley. Ich war ihm gegenüber damals eigentlich sehr kritisch eingestellt, weil ich die Originale aus Amerika viel besser fand als das, was er gemacht hat, aber viele Jahre später sind wir ganz dicke Freunde geworden und sind heute gut befreundet.

Nadja Tiller:
Der hat in Deutschland Schwung ins Musikleben gebracht und ich bewundere sehr, daß er heute immer noch top ist und die Leute ihn immer noch gern haben. Er war der deutsche Elvis Presley, nicht wahr?

Norbert:
Für mich – der ist ja praktisch nicht viel jünger als ich – der war so der schlaksige Tänzer, hat uns immer sehr gut gefallen. Er hat ja jetzt wieder ein Comeback, aber auch zu der damaligen Zeit, als er da mit der Conny gespielt hat und so, das war ganz super.

Heidi:
Ja, der war schon eine tolle Figur für uns. Er hat mir im Gesicht nie gefallen, heute gefällt er mir besser als damals, aber sein Temperament und das Tanzen war schon sehr gut.

Leopoldine:
Also ich hab den Peter Kraus immer gern gesehen, auch die Filme, im "Fliegenden Klassenzimmer" hat er ja auch mitgespielt und mit dem **Peter Vogel** zusammen. Und die Filme mit der Conny, die haben wir gerne angeschaut...

Nur Fliegen ist schöner ...

Erstmals überqueren während eines Jahres mehr Passagiere im Flugzeug als im Schiff den Atlantik. Am 28. Februar 1958 startet von Hamburg mit einer Zwischenlandung in Frankfurt am Main die erste **Lockheed Super Star**, die mit voller Nutzlast auch bei starkem Gegenwind nonstop von Deutschland nach den USA fliegen kann. Gegenüber dem Vorjahr erhöht sich das Transportvolumen für Personen-, Luftpost- und Frachtverkehr um etwa 60 Prozent. Gegen Jahresende bietet allein die **Deutsche Lufthansa** wöchentlich 30 Nordatlantikflüge an. Am 4. Oktober nimmt die **de Havilland "Comet 4"** als erstes Düsenverkehrsflugzeug linienmäßig den Passagierverkehr zwischen Europa und Amerika auf.

Ein Herz für den Ingenieur

Der schwedische **Herzchirurg Ake Senning** implantiert als erster in Zusammenarbeit mit **Rune Elmquist** im **Karolinska Sjukhuset** in Stockholm einem Elektroingenieur (40) einen Schrittmacher.

Die Laufzeit dieser ersten Aggregate (mit Siliziumtransistoren und Nickel-Cadmium-Batterie) beträgt nur 15 bis 20 Minuten; sie sind nur zur vorübergehenden Stützung des Herzens brauchbar.

Herr der Ringe

Als weltweit verwertbares Nebenprodukt der Rock 'n' Roll-Kultur erwies sich bald der **Hula-Hoop-Reifen**. Im April 1958 wird er vom Spielwarenhändler **Artur Melin** und seinem Kompagnon **Richard Knerr** in San Gabriel (Kalifornien) erfunden, während sie darüber nachdenken, wie sie aus den Schulden herauskommen könnten. Drei Monate später sind die beiden bereits Millionäre, die kleine Fabrik wird durch zwei weitere (Chicago, New York) vergrößert und innerhalb von 3 Monaten liefern die neuen Herren der Ringe den Amerikanern 25 Millionen Hula-Hoop-Reifen.

Die Welle schwappt nach Europa über. Als Vorteile werden garantiert: Der Reifen mache den Organismus gelenkig, setze das Gewicht herab, verscheuche schlechte Laune. Bemerkenswerte Rekorde: Der 19jährige **John Filmens** stellte einen Zeitrekord mit 1o Stunden und 1o Minuten auf, **Francis Elmen** bewegte vierzehn Ringe gleichzeitig, und die 11jährige **Mary May** hielt mit 18.000 Umdrehungen in drei Stunden und 30 Minuten den Schnelligkeitsrekord.

Gestorben sind

Papst Pius XII.; Philosoph George Moore; Soziologe Alfred Weber; Dichter Reinhold Schneider; Schriftsteller Emil Barth; Schriftsteller Lion Feuchtwanger; Komponist Leo Blech; Flugzeugbauer Ernst Heinkel.

Das Jahr 1958 in Österreich

Am Großglockner ist kein Parkplatz frei, ein Fels geht baden und die lila Kuh kriegt eine Pipeline.

Das **Lüberseekraftwerk** (Vorarlberg) der Illwerke wird in Betrieb genommen. Es ist das größte Kraftwerk Österreichs und das größte Hochdruck-Pumpspeicherwerk der Welt.

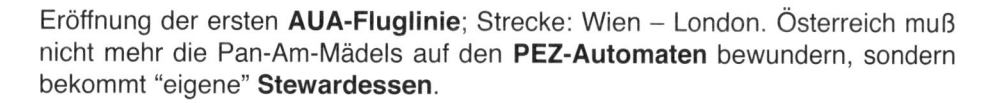

Eröffnung der ersten **AUA-Fluglinie**; Strecke: Wien – London. Österreich muß nicht mehr die Pan-Am-Mädels auf den **PEZ-Automaten** bewundern, sondern bekommt "eigene" **Stewardessen**.

Peter Kraus:
Der Stewardessenberuf war ein **Traumjob** damals. Es hiess, die Stewardessen heiraten alle Millionäre, das war ein Schlagwort. Alle Mädels wollten Stewardessen werden, Models gab es noch nicht – der zweite **Traumberuf** war **Starlet** beim Film. Die Stewardessen waren auch alle sehr fesch! Häßliche gab es nicht. Fliegen war eine sehr exklusive Geschichte, man wurde bedient, von den Mädels verwöhnt wie in einem Hotel – so ein Flug dauerte damals ja auch noch ewig lang!

Heidi:
Na, wir sind damals nicht geflogen. Aber dieses Bild auf den **Pez-Automaten**, das hab ich schon gesehen. Also es war einem geläufig, was eine Stewardess ist, da hat es immer geheißen: Da mußt du fesch sein, mußt groß sein, mußt Englisch können...

Leopoldine:
... das wären wir ja alle gern gewesen ...
Also, von der Uniform her, das hat mir schon sehr gefallen. Wir sind zum Beispiel sogar zum Flughafen gefahren und haben zugeschaut, wie die Flugzeuge wegfliegen – aber selber sind wir nicht geflogen. Ich war schon 35 Jahre alt, als ich das erste Mal geflogen bin.

Nadja Tiller:
Pan-Am-Stewardess, das fand man das Größte. Ich weiß von vielen jungen Mädchen, für die das schlechthin "der Traum" war, wenn man das schaffen würde, Stewardess bei der PanAm zu werden.
Ich hab das ja auch miterlebt am Anfang meiner Ehe, da haben wir in Berlin gewohnt und oft welche gesehen.

Frank Elstner:
Pan-Am-Stewardessen hab ich noch viele erlebt – rausgeputzt bis zum Gehtnichtmehr, Kompetenz ausdrückend, daß man das Gefühl hatte, die waren nicht Stewardess, sondern mindestens auch noch gleichzeitig Ersatzpilot. Nie wäre einer auf die Idee gekommen zu sagen, das sind die Serviererinnen in der Luft. Die Pan-Am-Stewardessen waren ja auf den PEZ-Automaten abgebildet... Ach ja, PEZ! Das war auch so ein Kultding! Zuckerl, die man eigentlich nicht gegessen hat, weil sie geschmeckt haben, sondern weil es da so eine Maschine gab, wo man die Stückchen einzeln hervorkatapultieren konnte. Ich hab grade letztens in einem Supermarkt so was wieder gesehen, mit Pfefferminz, daß man die so verteilt, das ist, glaube ich, ein Dauerbrenner für Kinder. Irgendwann wird einer so was immer wieder auflegen, weil es den Kindern halt Spaß macht.

Das **Autobahnteilstück Salzburg - Mondsee** wird dem Verkehr übergeben.
Universitätsprofessor Heinz Zemanek errechnet mit seinem Team mit Hilfe des ersten gänzlich mit Transistoren ausgestatteten Computers (er erhält den Namen "**Mailüfterl**") in 00 Minuten die Primzahl 5,073.548.261.
Das **Schwalleck**, der von der Donauschifffahrt noch immer gefürchtete Felsen im Greiner Struden (Oberösterreich) wird mit 8.000 kg Sprengstoff gesprengt.

Die **Wiener Stadthalle**, erbaut nach Plänen von Roland Rainer, wird eröffnet.
US-Transportflugzeuge, die in den Libanon unterwegs sind, überfliegen Österreich und verletzen die **Lufthoheit**. Österreichische Luftstreitkräfte fliegen Sperre über Westösterreich, sie sollen überfliegende Flugzeuge zur Landung zwingen.
Erste **Milchrohrleitung** aus Kunststoff, von der Hochalpe Vordersuttis ins Tal (Vorarlberg); sie ist 870 m lang.
Die Hälfte der sich aus dem Staatsvertrag ergebenden **Lieferverpflichtungen** Österreichs an die UdSSR ist erfüllt: Wert 75 Millionen Dollar oder 1,8 Milliarden Schilling.

Die drei neuen Bronzetore des Salzburger Domes von **Bildhauer Giacomo Manzù** werden geweiht.
Eine vom **Österreichischen Alpenverein** ausgerüstete **Expedition** unter der Leitung von **Heinrich Roiß** bezwingt den 7.000 m hohen **Mount Haramosh** im **Karakorummassiv**.

Die Verwaltung der **Großglocknerstraße** meldet: „Fuhren 1957 180.000 Autos über die Glocknerstrasse, so war in den ersten hundert Tagen des Folgejahres diese Zahl um 33 Prozent überschritten worden. 2000 Autobesitzer täglich sind es nun, die Erholung in den Alpen suchen."
Die Brücke über den **Ottensteiner Stausee** (Niederösterreich) ist fertiggestellt, das bisher größte Bauwerk aus **Spannbeton** in Österreich ist 240 m lang.
Im österreichischen Bergbau wird die **45-Stunden-Woche** ohne Lohnverminderung eingeführt.
Die Deckung des österreichischen Banknotenumlaufes durch Gold und Devisen beträgt 106,3 %.
Der **Beschäftigtenstand** erreicht mit 2,271.781 Arbeitsplätzen einen neuen Rekord.

Rrrimini

„Die Menschen von heute brauchen den Ortswechsel", beginnt eine Umfrage über die Urlaubsgewohnheiten der Österreicher, aus der hervorgeht, dass im Jahre 1958 Italien, und dort besonders der 150 Kilometer lange **Adria-Strand** zwischen **Grado** und **Rimini**, mit 1,713.506 österreichischen Übernachtungen mit grossem Abstand weiter das erträumte Urlaubsland ist; auch wenn es tatsächlich Menschen gab, die das anders sahen...

Nadja Tiller:
Rimini fällt für mich in die selbe Kategorie wie Capri-Fischer – es war für die meisten unentbehrlich. Ich war zwar in Italien, aber nie in Rimini.

Frank Elstner:
Damals hieß es, alle Deutschen müssen nach Rimini, es gab die Schlager und auch die deutschen schrecklichen Filme, die mit Rimini zu tun hatten. Ich war in der Zeit verhältnismäßig fromm, mich hat Rom mehr interessiert als Rimini.

EWG - Einer Wird Gewinnen. Oder?

Im Hinblick auf das Verhältnis Österreichs zur **EWG** kursiert unter Europa-Befürwortern 1957 folgende Scherzfrage: „Was ist der Unterschied zwischen Österreich und dem Teufel? Antwort: Der Teufel schläft nicht!"

"Der elegante Neger"

Duke Ellington tritt im November 1958 in der Wiener Stadthalle auf, und der „elegante Neger", wie die WIENER ILLUSTRIERTE formuliert, spricht mit seinen Jazz-Klängen "vor allem die erste Nachkriegsgeneration" an:
„Das lederwestenbewaffnete Publikum, das die Existenzgrundlage eines Presley oder Haley ausmacht, fehlte. Diejenigen aber, die sich die Mühe nahmen, ein sauberes Hemd und eine Krawatte anzuziehen, hatten den Eindruck, wirklich gute Musik gehört zu haben."

Das Jahr 1958 in Deutschland

Der Bundespräsident besucht London, Eisele fährt nach Ägypten und Wladimir verdreht einem Hund den Kopf.

In der BRD findet der erste "**Ostermarsch**" von Atomgegnern statt, in der DDR werden die Bauern zwangskollektiviert.
Bundespräsident Heuss stattet Großbritannien am 20.10. den ersten Staatsbesuch eines deutschen Staatsoberhauptes seit 50 Jahren ab.
Die Zahl der Flüchtlinge aus der DDR in die BRD nimmt weiter stetig zu (über 200.000 in diesem Jahr).
In der Arbeitsstelle für **experimentelle Kreislaufchirurgie** in Berlin (Ost) transplantiert der sowjetische **Physiologe Wladimir P. Demichow** Kopf und Vorderteil eines Hundes auf den Körper eines Artgenossen.

Der ehemalige Chefarzt des KZ Buchenwald **Dr. Eisele** kann aus der Haft nach Ägypten entkommen, vermutlich unter Beihilfe des Staatsanwalts.
Die **Quadriga** des Brandenburger Tores wird nach einer noch vorhandenen Gipskopie neu gegossen.

Das erste **Mobilfunknetz** in Deutschland wird eingeführt; es arbeitet mit handvermittelten Verbindungen; erst 1977 gilt es als technisch überholt und wird eingestellt.

Deutschland, Schweden und der Schnaps

Am 24. Juni wird Noch-Welt-Meister Deutschland im Göteborger Ullevi-Stadion von den Schweden vernichtend geschlagen – 3:1.

In der „Saar-Zeitung" in Saarlouis war danach folgender Bericht zu lesen:
„Der instinktsichere 'kleine Mann' hat aus den fanatischen Heja-Rufen der aufgepeitschten schwedischen Zuschauerplebs den Grundton abgrundtiefenr Gehässigkeit herausgehört, wenn nicht den Grundton eines Hasses, der sich nicht nur gegen die deutschen Fussballspieler richtet, sondern gegen die Deutschen schlechthin. Das offizielle Schweden hat hämisch geniessend zugelassen, dass rund 40 000 Repräsentanten dieses mittelmässigen Volkes, das sich nie über nationale und völkische Durchschnittsleistungen erhoben hat, den Hass über uns auskübelte, der nur aus Minderwertigkeitskomplexen kommen kann. Es ist der Hass eines Volkes, dem man das Schnapstrinken verbieten muss, weil es sonst zu einem Volk von maßlosen Säufern würde."

Nun ja. Zur Erinnerung: Wir befinden uns im Jahr 1958, also 13 Jahre nach Kriegsende...

Und was kochen wir heute?

Znaimer Kalbsrouladen

80 dkg Kalbfleisch, flach geklopft, 15 dkg Zunge, gekocht, fein gehackt, 2 bis 3 lange Karotten im Ganzen, 2 bis 3 Salzgurken, längs geviertelt, 2 Eßlöffel Thea, 1 Eßlöffel Petersilie, gehackt, 1 Zwiebel, fein geschnitten, Salz, Suppe zum Aufgießen.

1. Das im Ganzen geklopfte Kalbfleisch mit feingehackter Zunge und Petersilie bestreuen, in der Richtung, in der gerollt wird, mit ganzen Karotten und den geviertelten Salzgurken belegen. Dann vorsichtig eine Roulade formen, mit einem Faden mehrmals fest umwickeln, salzen.
2. Die Rouladen in heißer Thea rundum anbräunen, Zwiebel mitrösten lassen, bis sie hellgelb ist, dann mit etwas Suppe aufgießen; bei mäßiger Wärme zirka 1 Stunde im geschlossenen Topf gardünsten.
3. Die Rouladen in Scheiben schneiden, mit Apfelkren servieren.
Sie brauchen 5/4 Stunden. (Aus „Jeden Tag gut essen" von Thea)

1959

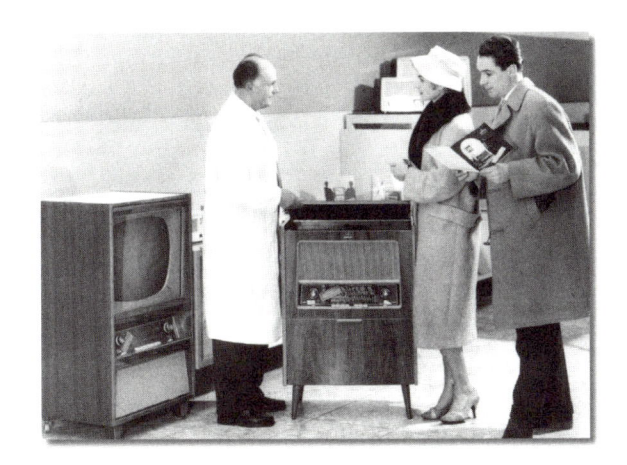

Man gönnt sich ja sonst nichts...

Das Jahr 1959 und die Welt

Fidel Castro zieht um, Affenzirkus auf dem Meer. Die Antarktis kriegt ihren Frieden und ein Fotolabor fliegt zum Mond.

In Kuba zieht die **Revolutionsarmee** unter **Fidel Castro** und seinem Guerilla-General **Ernesto "Che" Guevara** in Havanna ein. Der gestürzte Diktator **Batista** flieht in die Dominikanische Republik. Im Mai werden alle amerikanischen Besitzungen enteignet, worauf die USA mit einem **Handelsembargo** in erster Linie gegen das Hauptexportgut Zucker antworten.
Die UdSSR nutzt ein Jahr später die Gelegenheit und schließt mit Kuba ein zweiseitiges **Handelsabkommen**.
Alaska und Hawaii kommen zur USA.

In Frankreich gesteht Präsident **Charles de Gaulle** Algerien das Recht auf Selbstbestimmung zu. Was allerdings so aussieht, daß eine Million Algerier hinter Stacheldrahtverhaue gesperrt werden, um "die Zivilbevölkerung von den Aufständischen der Befreiungsorganisation FLN unterscheiden zu können."
Es kommt wegen organisatorischer Mängel zu Hungersnöten.
Chruschtschow besucht die USA und führt mit Präsident Eisenhower erste Gipfelgespräche zur **Ost-West-Entspannung**.

Die Volksrepublik China kämpft einen **Aufstand in Tibet** nieder. Der **Dalai Lama** flieht nach Indien, wo er politisches Asyl erhält.

Die Amerikaner können erstmals die Spitze einer **Weltraumrakete** nach erfolgreicher Mission und Meeres-Wasserung bergen. Mit ihr die Passagiere des 15-minütigen Fluges der **Jupiter-Rakete**: Die dressierten Affen Abel und Baker.
Der **Antarktisvertrag** verpflichtet die Unterzeichner, die Gegend von militärischen Aktionen freizuhalten.

Die Computersprache **COBOL** wird entwickelt.
Sowohl an der Sonne wie auch an der Venus reflektierte Radar-Echos können empfangen werden.

Ein Luftkissenboot vom Typ "**Hovercraft**" überquert erstmals den Ärmelkanal.

Eine Jury aus den 100 bekanntesten Designern wählt die Schreibmaschine "**Lettera 22**" der italienischen Firma **Olivetti** zum besten Industrieprodukt der vergangenen 100 Jahre.

Amerikanische Bundesbetriebe bauen die erste Luft-Boden-Rakete zur Zerstörung von Einzelzielen, die "**Bullpup**".

Der Ordinarius für Pharmakologie und **Toxikologie W. Petkow** aus Sofia (Bulgarien) stellt tierexperimentell die positiven Wirkungen der **"Wunderdroge" Ginseng** fest. Die Ginseng-Wurzel, in der chinesischen Medizin schon lange als Heilmittel eingesetzt und 1610 von den Niederländern nach Europa eingeführt, wirkt u.a. gegen **Herzinsuffizienz** und Diabetes. Der Klykosidgehalt der Wurzel soll für die Heilwirkungen verantwortlich sein.

Brüderchen Mond

Die UdSSR schießt die Rakete **Lunik 2** Richtung Mond, die dort auch ankommt und zerschellt, vorher aber noch ein russisches Fähnchen plazieren kann. Die russische Mondsonde **Lunik 3** liefert bei Umfliegen des Erdtrabanten dann erste Aufnahmen von der Mondrückseite: Dieses Experiment beweist immense technische Präzision. Die Sonde ist mit einem **Bildübertragungssystem** ausgestattet. Sie nimmt erstmals Bilder von der Rückseite des Mondes auf und überträgt diese später – in Erdnähe zurückgekehrt – zu den sowjetischen Bodenstationen. Die Bilder sind keine elektronisch gespeicherten Aufnahmen, sondern echte Fotografien. Sie werden im Satelliten in einem Behälter automatisch entwickelt, fixiert und getrocknet. Danach gelangen sie in einen zweiten Behälter, von dem aus die **elektronische Fernsehübertragung** zur Erde erfolgt.

Das schwebende Kissen

Der Engländer **Christopher Cockerell** führt das erste **Luftkissenfahrzeug** nach seinen Konstruktionen von 1955 vor: Das 7 Tonnen Hovercraft "SR. N1" ("Hovercraft" bedeutet "Schwebefahrzeug") wird von einem 20 cm starken Druckluftpolster, das aus Düsen im Schiffsboden gespeist und durch eine Gummischürze am seitlichen Entweichen gehindert wird, getragen. Es läßt sich amphibisch einsetzen, fährt also auch auf festem Untergrund – etwa Sandstrand oder Betonflächen – und entwickelt wegen seiner geringen Boden- bzw. Wasserreibung Geschwindigkeiten bis zu 60 Knoten (110 km/h).

Gestorben sind

Schriftsteller Raymond Chandler; **Verleger Peter Suhrkamp**; **Grafiker Alfred Kubin**; **Architekt Frank Lloyd Wright**; Schauspieler und **Iffland-Ring-Träger Werner Krauss**; Jazzsängerin **Billie Holiday**; der **Clown Grock** und **Rennfahrer Rudolf Caracciola**.

Österreich im Jahr 1959

Kreisky geht zur UNO; ein Garten für Blinde, Parklücke auf Knopfdruck und "Satchmo" schaut sich die Stadthalle an.

Auf dem Neuen Markt in Wien, schräg vis-a-vis der Kapuzigruft, wird die dritte **Druckknopfgarage** Europas errichtet, eine mit Magnetbändern elektronisch gesteuerte automatische Garagierung: Der Kunde muß nicht mehr selber nach langer Suche sein Fahrzeug auf einen freien Plazu bringen, dies wird von der Steuerung übernommen.

Karl Schranz wird zum drittenmal **Kandaharsieger**.

Louis Armstrong, der "**Grand Old Man**" des Jazz, gastiert in der Wiener Stadthalle vor 21.000 Besuchern.

Die "**Kronen Zeitung**" erscheint wieder.
1900 gegründet, mußte sie das Erscheinen am 31. August 1944 einstellen.

Rekordreiseverkehr bei den Österreichischen Bundesbahnen:
Auf den Wiener Bahnhöfen werden 645.000, auf den Bahnhöfen in den Landeshauptstädten 690.000 Reisende gezählt.

Der Ministerrat stellt einen "äußerst unfreundlichen Akt Italiens" fest:
Bundeskanzler **Julius Raab** berichtet, daß Italien höheren österreichischen Staatsbeamten die Einreise nach Südtirol zur Tiroler Landesfeier 1959 verweigert hat.

Außenminister Bruno Kreisky hält vor der UN-Generalversammlung eine große **Südtirolrede**.

Bundeskanzler Julius Raab spricht im Rundfunk über die Leistungen des Staates in den Jahren seit der Stabilisierung 1952. Allein 47 Milliarden Schilling seien für wichtige Vorhaben ausgegeben worden, davon 10,5 Milliarden für den Wohnbau, 18 Milliarden für Sozialversicherung und Kriegsopferfürsorge und 8,5 Milliarden für den Straßenbau.

348.852 PKW, davon 61.262 Neuzulassungen, lassen die Autohändler erfreut die Hände reiben.

Da schau her

Der vom Wiener Stadtgartenamt errichtete erste "**Blindengarten**" auf dem europäischen Kontinent im Wertheimsteinpark im 19. Wiener Gemeindebezirk wird fertiggestellt: 2.500 m2 Beete mit "Tastpflanzen" und für Blinde lesbaren Namenstafeln sind d i e Sensation.

Vico muß büßen

Während des **Südtirol-Konflikt**s zensuriert der **ORF** italienische Schlager.
„**Grazie, Grazie**", trällert im April **Vico Torriani** soeben, als ihn der Tontechniker schonungslos vom Plattenteller hebt.
Wie die Zeitschrift "Heute" berichtet, entschuldigt sich der Moderator vor dem im Sendesaal anwesenden Publikum, daß "die Schallplatte keineswegs auf dem Programm gestanden, vielmehr nur durch Zufall hineingerutscht sei".
„Und", so soll er in vertraulich-ernstem Ton hinzugefügt haben, "die Hörer würden gewiß verstehen, daß man gerade diese Platte aus ganz bestimmten Gründen nicht spielen wolle."

Eine Politik, mit der nicht alle konform gehen...

Norbert:
Der Vico, das war in unserer Zeit d e r Sänger, ich hab seine Lieder auch sehr gern gehabt. Wir haben danach getanzt und es waren auch sehr gute Texte dabei.

Heidi:
Ja, wenn der so hereingeschwungen ist, wir haben alle seine Schlager getanzt.

Otto:
Der war der Inbegriff von einem charmanten Mann. Der hat schön gesungen, schöne Filme gemacht, den charmanten Liebhaber gespielt...

Gerda:
Den Vico hab ich mir immer gern angehört. Der hat vor allem über die Jahre danach auch nie an Qualität verloren.
Da waren andere, die mit ihm in den Fünfzigern groß geworden sind, längst weg vom Fenster.

Frank Elstner:
Vico hab ich später kennen und lieben gelernt, weil er einer der reizendsten Kollegen ist, die man sich vorstellen kann, immer höflich, immer gut gelaunt, der Liebling meiner Mutter ...
So wie heute jede Mutter den Günther Jauch zum Schwiegersohn haben möchte, war es damals viele Jahre mit Vico. Er hat viele Lieder gesungen, die mir überhaupt nicht gefallen haben, aber ich habe sein Talent anerkannt.
Er konnte tanzen und singen und lustig und fröhlich sein – er hatte damals eine Fernsehsendung, die hieß "Hotel Victoria", das war eine richtig witzige und abwechslungsreiche Sendung.

Ein Leiberl beim Papst

Wußten Sie, daß Karl „Waschi" Adamek, Jahrgang 1910, der einzige Österreicher ist, der von einem Papst wegen fußballerischen Erfolges persönlich ausgezeichnet worden ist? Das kam so:
In Italien führt Adamek den Traditionsklub **Atalanta Bergamo** wieder in die erste Division. Glühender Anhänger dieses Klubs: **Papst Johannes XXIII.**
1959 ist er über den Wiederaufstieg „seiner" Mannschaft so erfreut, daß er den Wiener Trainer zu einer Ehrung lädt und ihm eine persönliche Erinnerung in die Hand drückt.

Deutschland im Jahr 1959

"Ike" kommt auf Besuch, 96 Flieger zur Bundeswehr; doch kein bißchen Frieden für Deutschland.

Die UdSSR legt wieder einmal einen Entwurf über einen Friedensvertrag mit Deutschland vor, der von den Westalliierten abgelehnt wird.
Es kommt in der BRD zu **antisemitischen Ausschreitungen**, die sich überwiegend in Friedhofsschändungen äußern.
Mit Dwight D. Eisenhower besucht erstmals seit Kriegsbeginn wieder ein US-Präsident die BRD.
Die Bundeswehr wird mit den ersten 96 Jagdflugzeugen des Typs „**Starfighter F 104**" ausgerüstet.
Die SPD beschließt auf einem außerordentlichen Parteitag am 15.11. das sogenannte **Godesberger Programm**, mit dem sie sich vom Marxismus distanziert, aber einen demokratischen Sozialismus postuliert.

Das **Lüneburger Rathaus** fällt einem **Großbrand** zum Opfer.

Nach einer EMNID-Umfrage über die **Lärmbelästigung** der Bundesbürger fühlen sich 40 % der Befragten lärmgestört. Die Lärmbelästigung durch den Straßenverkehr übertrifft jene durch Düsenjäger.

Und was kochen wir heute?

Bunte Gemüsebecher

5 zarte Kohlrabi, geschält, halbiert und ausgehöhlt, 5 feste Tomaten, halbiert und ausgehöhlt, je 1/4 kg Gemüse verschiedener Sorten, 10 dkg kleine Champignons, 6 Eßlöffel Thea, Salz, Pfeffer.

1. Die Kohlrabi in Salzwasser weichkochen und in heißer Thea leicht anbraten.
2. Die Tomaten salzen, pfeffern und ebenfalls leicht anbraten.
3. Die Füllgemüse jedes für sich fertigmachen. Zarte, wasserreiche Sorten (Kochsalat, Spinat, Erbsen, Karotten, Pilze) in Thea weichdünsten; herbe, trockene Sorten (alle Kohlgemüse, Karfiol, Fisolen) kurz in Salzwasser aufkochen, abgießen und in Thea fertigdünsten.
4. Die Gemüse so in die Becher aufteilen, daß sich die Farben schön abheben. Heiß servieren.
Sie brauchen 3/4 Stunden.

(Aus „Jeden Tag gut essen" von Thea)

BOSCH
ROBERT BOSCH A.-G.

Bosch

BOSCH
BOSCH
Zündung
ROBERT BOSCH - STUTTGART

Bosch
TRADE MARK
SCHUTZ-MARKE
MARQUE DÉPOSÉE

1960

Mit Vollgas in die Sixties...

1960: Die Welt an der Schwelle zu den Roaring Sixties

Barfuß-Marathon sowie Stau in Ägypten. John geht ins Weiße Haus und Jaques baden.

Die erste **Ost-West-Abrüstungskonferenz** scheitert am "U2-Zwischenfall": ein US-Aufklärungsflugzeug wird über der UdSSR abgeschossen und Pilot **Powers** gefangengenommen.
Frankreich zündet in der Sahara seine erste Atombombe.
Großbritannien entläßt Zypern in die Unabhängigkeit mit einem griechischen Präsidenten (**Erzbischof Makarios III.**) und einem türkischen Vizepräsidenten.
UN-Generalsekretär Hammarskjöld kommt bei einer seiner Friedensmissionen bei einem Flugzeugabsturz 1961 ums Leben.
In den USA wird der Demokrat **John F. Kennedy** zum Präsidenten gewählt. Er ist mit 44 Jahren der bis dahin jüngste Amtsinhaber.
Die **OPEC** wird gegründet (Iran, Irak, Kuwait, Saudi Arabien, Venezuela)
Ein schweres Erdbeben zerstört die marokkanische Stadt **Agadir**: 10.000 Tote.

Bei den Olympischen Spielen in Rom erreicht **Armin Hary** aus Deutschland erstmals die Schallmauer von 100 m in 10,0 sec, **Cassius Clay** holt im Boxen Gold und wirft seine Medaille danach aus Protest gegen Diskriminierung der Schwarzen („Black Power") in einen Fluss. Und der Äthiopier **Abebe Bikila** gewinnt den Marathonlauf. Barfuß, wohlgemerkt...

Das US-amerikanische Atom-U-Boot "**Triton**" umfährt die Erde unter Wasser.
Die USA führen die Interkontinentalrakete "**Minuteman**" ein.
Der **Assuan-Damm** wird in Ägypten fertiggestellt.

Mit **ECHO I.** wird der erste Nachrichten-, mit **TIROS 1** der erste **Wettersatellit** gestartet.
Jaques Piccard und **Don Walsh** erreichen am 23.1. mit dem Tauchboot **TRIESTE** im Marianengraben eine Tauchtiefe von 10.916 m.
Der **Röntgenbildverstärker** für die Röntgendurchleuchtung und **Schirmbildfotografie** wird allgemein in die **Radiologie** eingeführt.

In den USA veröffentlicht die "**American Heart Association**" einen Bericht über den Zusammenhang von **Nikotinmißbrauch** und **Herzinfarkt**. Drei Faktoren erscheinen für die koronare Herzerkrankung besonders bedeutsam: Zigarettenrauchen, erhöhter Cholesterinspiegel im Blut und erhöhter Blutdruck. Das öffentliche Interesse ist groß, insbesondere nachdem 1955 US-Präsident Dwight D. Eisenhower selber einen Herzinfarkt erlitt.

In den USA werden jährlich umgerechnet 12 Milliarden Schilling für Schallplatten ausgegeben.

Gestorben sind:

Der DDR-Präsident **Wilhelm Pieck**; die Schriftsteller **Boris Pasternak** und **Vicky Baum**; Dichter **Albert Camus**; Dramatiker **Curt Goetz**; Verleger **Ernst Rowohlt**; die Schauspieler **Hans Albers**, **Liesl Karlstadt** und **Clark Gable** (s. Filmplakat re; Anm.)

Österreich an der Schwelle zu den Roaring Sixties

Kardinal König trifft seinen Schutzengel, Chruschtschow seinen Meister und beim Arbeitsamt dreht man Daumen

Schwerer Autounfall **Kardinal Franz König**s bei Varazdin (Kroatien). Der Fahrer ist tot, der Kardinal und sein Sekretär Helmut Krätzl sind schwer verletzt. Das Österreichische Fernsehen mietet für drei Jahre das Etablissement **Ronacher** als Ausweichquartier.
Explosion im Erdölgebiet zwischen Aderklaa und Deutsch-Wagram, sechs Tote. Chruschtschow besucht im Zuge einer Rundreise durch Österreich den Bauernhof von Außenminister Leopold Figl, dabei kommt es zur berühmten **Kukuruz-Wette** (s.u.).

Die Arbeitsämter verzeichnen einen **Rekordtiefstand der Arbeitslosenquote**; in Wien sind nur 16.141 Arbeitslose gemeldet.

Es gibt 15.179 neue Fernsehteilnehmer in Österreich, insgesamt sind es bereits 127.402.

Eine **Grippewelle** rollt über Wien: 12.000 sind betroffen.

Schlagzeilen macht ein **Tramwayunfall** mit 19 Toten und 32 Schwerverletzten, als ein Zug der Linie 39 entgleist. Ursache: Zu hohe Geschwindigkeit, der Fahrer war alkoholisiert.

Die Vickers Viscount "**Joseph Haydn**" der AUA stürzt bei Krukowa in der Nähe von Moskau ab: 30 Tote, ein Besatzungsmitglied und sechs Fluggäste überleben.

Die neue **Riesenorgel** von St. Stephan und elf Glocken werden im Rahmen einer großen kirchlichen Feier geweiht.

Und Österreichs Fußballer gewinnen in Budapest 2:1 gegen den Erbfeind Ungarn.

Leopold Figl und die Russen-Sau

Kremlchef Chruschtschow, auf Staatsbesuch in Österreich, geht mit dem früheren Bundeskanzler Figl eine Wette ein: Vom sowjetischen Maiskolben, meint Chruschtschow, könne zehnmal mehr geerntet werden als vom österreichischen. Tatsächlich wird sofort Saatgut aus der UdSSR ins Tullnerfeld geflogen, wo der "russische Kukuruz" nicht schlecht gedeiht - aber da von der zehnfachen Menge keine Rede ist, gewinnt Figl die Wette und damit, wie vereinbart, ein Schwein.

Wer will schon schöner wohnen...

1960 in Zahlen: Von den Österreichern werden jährlich 2,6 Milliarden Schilling für Rauchwaren, 5,7 Milliarden Schilling für Alkohol ausgegeben und Ratenkäufe in der Höhe von 3,5 Milliarden Schilling getätigt; doch lediglich 3,7 Milliarden für den **Wohnungsbau** ausgegeben.

Nach vorangegangener **Verwaltungsreform** weist das Sparbudget 1960 einen neuen Rekordstand von rund 300.000 Bundesbeamten und Amtspersonen (zu denen übrigens nun auch die Bediensteten der Liliputbahn im Wiener Prater zählen) sowie 9.707 Dienstfahrzeuge auf.

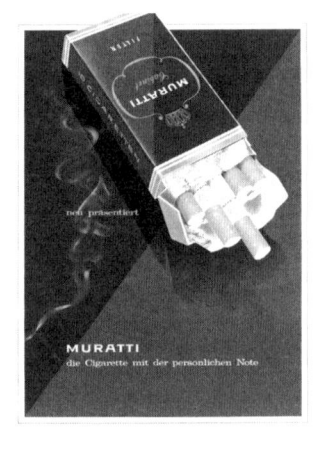

1960: Deutschland an der Schwelle zu den Roaring Sixties

Strahlender Schutz, Brückenschlag in Mühlheim und Rudolf gibt dem Albert recht.

Die erste **Strahlenschutzverordnung** wird in der Bundesrepublik erlassen.
In der DDR wird die **Kollektivierung der Landwirtschaft** abgeschlossen. Folge: **Produktionseinbußen** und **Bauernflucht**.
Die DDR führt **Reisebeschränkungen** im Verkehr zwischen Ost- und Westberlin ein. Als Reaktion kündigt die BRD das 1951 geschlossene und gerade erst neu ausgehandelte **Interzonen-Handelsabkommen** auf.
Der deutsche **Physiker Rudolf Mößbauer** entdeckt den nach ihm benannten

Effekt, mit dessen Hilfe die Allgemeine **Relativitätstheorie** von **Albert Einstein** bewiesen werden kann.

In der BRD wird die Zwangsbewirtschaftung von Wohnraum aufgehoben.

Der Firma **Krupp** Maschinen- und Stahlbau gelingt die seitliche Verschiebung einer 4500-t-Stahlbrücke (in Mühlheim über die Ruhr) um 18 m.

Der israelische Geheimdienst entführt den ehemaligen Leiter des Judenreferats im Reichssicherheits-Hauptamt **Adolf Eichmann** aus Argentinien. Er wird in Israel vor Gericht gestellt und zum Tode verurteilt.

Ein amerikanisches Transportflugzeug stürzt über der City von München ab und tötet 52 Menschen.

In Platten baden

1960 besitzt jeder dritte deutsche Haushalt einen Plattenspieler, und nur jeder sechste verfügt über ein Bad. Die deutschen Konzerne bilanzieren mit 58 Millionen verkauften Platten, 60 Prozent davon werden von Jugendlichen erworben. Peter Kraus verkauft eine Million Singles pro Jahr; nur knapp geschlagen von Freddy Quinn.

Hits Ende der 50er Jahre

„La Bamba"	Ritchie Valens
„Along Came Jones"	The Coasters
„Hushabye"	The Mystics
„('Til) I Kissed You"	The Everly BroThers
„Dance with Me"	The Drifters
„Smoke Gets in Your Eyes"	The Platters
„C'mon Everybody"	Eddie Cochran
„Fourty Miles of Bad Road"	Duane Eddy
„You're So Fine"	The Falcons
„It's Late"	Ricky Nelson
„I Only Have Eyes for You"	The Flamingos
„Lonely Teardrops"	Jackie Wilson
„Love Potion No. 9"	The Clovers
„Tallahassee Lassie"	Freddy Cannon
„It Doesn't Matter Anymore"	Buddy Holly
„This Should Go on Forever"	Rod Bernard
„Mr. Blue"	The Fleetwoods
„I'm Gonna Get Married"	Lloyd Price
„Baby Talk"	Jan and Dean
„Red River Rock"	Johnny and The Hurricanes
„My Heart Is an Open Book"	Carl Dobkins Jr.
„Since I Don't Have You"	The Skyliners

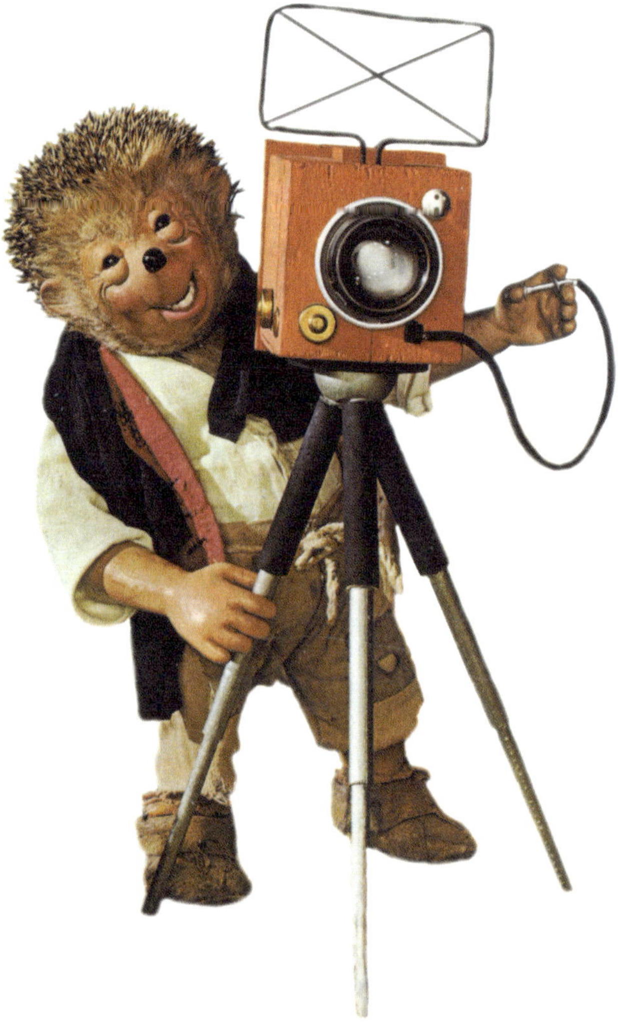

Index der Erinnerungen

125er Puch 110
45 Stunden Woche 152
45-Stunden-Woche 162
5. Republik 158
90er SEL 154

Abd el-Nasser 82
Abschaffung der Todesstrafe 51
Achmed Ben Bella 82
Acrylfaser 16
Adenauer 77, 130, 152
Adolf Schärf 97
Adria-Strand 163
AEG 20
aerodynamisch 43
Agadir 176
Ägypten 176
Aiken 30
Air Austria 126
Ake Senning 160
Alan-Wilton 127
Albach-Retty 104
Albert Schweitzer 56
Alfred Kinsey 72
Algerienkrieg 94
Algerienkrise 158
Alkoholzeit 65
Alle lieben Peter 105
Almdudler 64, 66
Alpenverein 162
Alu-Getränkedose 64
american dream 64
American Heart Association 176
American Way of Life 67
amerikanische Verkaufsmethoden 46
Andenken 108
Angst vor dem Atom 57
Anschluss an die Weltwirtschaft 96
Anstandsregeln 140
Antarktis-Expedition 158
Antarktisvertrag 168
Antel 99
Antibabypille 124
Antiraucherkampagnen 83
antisemitisch 172
Apollo-Kino 17
Appel 125
Arbeitskleidung 39
Arbeitslose 25
Arbeitslosenquote 177
ARD 26
Armeezelt 112
Armstrong 60, 170

Artur Melin 160
Assuan-Damm 176
Assuanstaudammes 125
Atalanta 172
atomare Bewaffnung der Bundeswehr 152
Atombombe 17, 57
Atomium 158
Atomkraft 152
atomwaffenfreie 134
Atomzeitalter 34
AUA 178
AUA-Fluglinie 161
Aufklärung 72
Aufnäher 111
aufreizende Bilder 126
Aufstand in Tibet 168
Ausschreitungen 172
Außenpolitik 51
Austria 3 101
Austria gegen Rapid 25
Austrian Youth Activities 63
Auto- und Kofferkleber 111
Autobahnteilstück 162
Autokino 134
automatisches Fernsprechnetz 69
Ava Gardner 100

B-Gendarmerie 128
B.B.-Frisur 102
Baby Dolls 37
Bac-Stift 51
Bagdad-Pakt 94
Bakteriologe 59
Bambi 113
Banane 67
Bardot 35, 102
Barfuß-Marathon 176
Barmixer 42
Bauarbeitergewerkschaft 25
Bauernflucht 178
Bauknecht 20
Bayer 89
Belar 94
Bell Laboratories 56
Bell Telephone Laboratory 82
Bella Italia 109
Bellaria 151
Benehmen 140
Benimm 140
Benimmregeln 140
Bergamo 172
Berija 72
Besatzungsmacht 17

Besatzungsstatut 51
Besatzungszone 39
Beschäftigtenstand 162
Beseitigung der Rassentrennung 82
Bevor der Mann nach Hause kommt 143
Bezugsscheinkarten 25
Bibione 109
Bigband 59
Bikila 176
Bikini-Atolls 83
Bildhauer 162
Bildübertragungssystem 169
Bill Haley 75
Bing Crosby 86
Blank 114
bleistifteng 16
Blindengarten 170
BLITZO 47
Blue Jeans 38
Blues 59
Blutwurstknoten 36
BMW 127
Boccia 109
Boeing 707 82
Boeing B-52 135
Bogart 100
Böhm 49
Bombard 56
Boogie 59
Borgward 118
Boulevardpresse 30
Bradl 76
Braun 23
Braun, Werner von 136
Braun-Design 23
BRAVO 129
Bretonischer Schweinsbraten 69
Brezelhalter 68
Brigitte Bardot 35, 102
Britisch-Togo 134
Broad Peak 137
Bruno Kreisky 97
BSA 127
Bubble-gum 40
Buchgemeinschaften 127
Buchhandelsdichte 127
Buhl 76, 137
Bullpup 169
Bundesbahnnetz 126
Bundesbahnstrecke 32
Bundesgrenzschutz 50
Bundesheer 126, 128
Bundeskanzler Leopold Figl 24
Bundespräsident 164
Bunte Gemüsebecher 172
Burberry 151
Burgtheater 96
Burt Lancaster 89
Buschklepper 59
Buttercreme 67
Butterfach 66

Cabrio 154

Cadbury-König 63
Callgirls 153
Camping-Boom 111
Capri 109
Carl von Linde 18
Castro 168
CBS 30, 125
Chagall 30, 72, 82
Champion 250 118
Chianti 111
Chiantiflaschen 109
Chic 44
Chromosomen 125
Chruschtschow 124, 158, 177
Churchill 72
Clay 176
COBOL 168
Coca-Cola 63, 65
Cockerell 94, 169
Cocktailsessel 41
Cola mit Rotwein 65
Cola-Parties 65
Cola-Rum 65
Cola-Stand 65
Cola-Zitrone 65
Comer See 109
Comet 4 160
Computer 16, 125
Computer-Chip 158
Conny Francis 141
Conny Froboess 105
Conrads 49
Constantine 101
Contergan 154
Cooles 94
Cortina d'Ampezzo 124
Country-Musik 75
Crosby 86
Curd Jürgens 89

Daimler Benz 26
Dalai Lama 168
Damenkarte 140
Das Blatt der Hausfrau 143
Das Derby des Jahrhunderts 25
Das Jahr 1950 und die Welt 16
Das schwebende Kissen 169
DDR-Flüchtlinge 68
de Gaulle 158, 168
de Havilland 160
Dean 39, 94
Demarkationslinie 82
Demichow 164
Deo-Hersteller 35
Deo-Stifte 150
Der Dritte Mann 17
Der elegante Neger 163
Des Teufels General 89
Design 42
deutscher Elvis 86
Die Caprifischer 109
Die Faust im Nacken 89
Die Frau in den 50ern 142

Die Frühreifen 105
Die große Chance 49
Die Irre von Chaillot 30
Die letzte Brücke 106
Die Salzburger Nachrichten 59
Die Strudlhofstiege 32
Die Sünderin 50
Die Zeitzeugen 11
Diem 94
Dien Bien Phu 82
Dior 83
Dirndl 108
Disneyland 94
Dixieland 60
DKW 119
Dodrill 58
Dokumenta 114
Donald 158
Donau 85, 101
Donauschiffahrt 62
Dr.-Karl-Renner-Ring 128
Dralon 89
drei Beine 43
Dreimeilenzone 158
Dreyfuss 42
Druckknopfgarage 170
Duke Ellington 163
Dulles 97
Düsenjäger 137
Dwight D. Eisenhower 56
dynamisches Äußeres 42

ECHO 176
Eddy Constantine 101
Eden 134
Edward Teller 56
Eichmann 179
Eierlikör 88
Einführung der Wehrpflicht 89
Einigung Europas 30
Einkopfscherer 23
Eisblöcke 21
Eisele 164
Eisenhower 56, 72, 172
Eiskunstlauf 61
elektrifiziert 61
elektronische Kriegsführung 57
Elektrorasierer 22
Elias 137
Elisabeth II 56
Ellington 163
Elmayer-Vestenbrugg 141
Elmen 160
Elmquist 160
Elvis Presley 85
EMI 94
Enders 82
Endokrinologe 58
Endstation Sehnsucht 30
Entstalinisierung 129
Erfindung 22
Erhöhung von Arbeitsnormen 78
Ernesto "Che" Guevara 168

Ernst Marischka 99
Erschießungen 77
Erzbischof Makarios III. 124
EURATOM 134
Europäische Gemeinschaft 30
Europäische Parlament 158
Europäische Verteidigungs-Gemeinschaft 68
Europäische Wirtschaftsgemeinschaft 134
Europarat 51
European Recovery Program (ERP 76
EWG 163
Expedition 162
Extreme Tapetenmuster 45

F 104 172
Fan-Triebwerk 82
Fangio 137
Fanta 66
Fasson 151
Feisal II 158
Fend 118
Ferientrophäen 109
Fernamt 69
Fernsehsendung 96
Fernsehteilnehmer 177
Fernsehübertragung 169
Fernsehzeitalter 68
Fernsprechnetz 69
fette Haare 150
Feuriger Elias 137
Fiat 82
Fidel 168
Fidel Castro 168
Fidelio 97
Figl 24, 84, 178
Film 23
Filmemacher 50
Filmen 160
Filmgeschichte 23
Filmtypen 106
Filterzigaretten 102
Fischer 16
Fischerhose 38
Flensburg 129
fliegende Bettgestell 82
Flimmerkiste 137
FLN 94
Flüchtlinge 51
Flugzeug 107
Formel-1-Weltmeister 137
Forschung 20
Forschungs-Kernreaktoren 152
Forst 50, 99
FORTRAN 125
FOX-Filmgesellschaft 86
Francois Pinay. 97
Frank Elstner 11
Frank Sinatra 86
Franz Antel 99
Franz Grillparzer 96
Franz Josef Strauß 130
Franz Olah 25
Frauen im Skilanglauf 56

Frauenbild 142
Frauenbild der 50er 41
Frauenratgeber 148
Frauenschwarm 95
Freien Marktwirtschaft 25
Freizeitkleidung 39
Fremdenverkehr 97
Freßwelle 66
Friedensnobelpreis 56
Friedensvertrag 30
Friedman 134
Frischhaltung 18
Frischzellentherapie 82
Friseur 22
Fritz Thyssen 17
Fritz Walter 89
Fritz Wepper 22
Führungsanspruch der USA 72
Fünfjahresplan 50
Funk und Film 102
Funkhauses 126
Fußball 18
Fußball-WM 85
Fußballweltmeister 89
Futurismus 43

Gablitz 62
Gamal Abd el-Nasser 56
Gantschnigg 18
Gardasee, 109
Gardner 100
Garten für Blinde 170
Gefriertruhe 94
Gefüllte Kohlkugeln 27
Gefüllte Schnitzel 78
Gefüllter Karpfen 90
Geheimdienstchef 89
Geheimdienst 72
Gemeindewohnung 18
Gemüsebecher 172
General MacArthur 16
George Bernard Shaw 17
George Orwell 17
George VI 56
Georgi Malenkow 72
Gerda 13
Geschlechtsumwandlung 58
Geschworenengericht 17
Giacomo 162
Giganten 95
Gilera 128
Gillette 22
Ginseng 169
Gipfeltreffen 89
Gläserständer 68
Gleissner 50
Glockenklöppel 61
Glühbirn 87
Go west! 130
Godesberger Programm 172
Goggomobil 114, 115, 118
Goggomobilwerk 119
Goldkabinett 17

Goldküste 134
Göteborger Ullevi-Stadion 164
Göttinger Erklärung 152
Grado 163
Grammel 66
Grand Old Man 170
Grazie, Grazie 171
Greißlersterben 63
Grillparzer 96
Grippewelle 177
Großbrand 17, 172
Große Österreich-Illustrierte 138
Großglocknerstraße 162
Großrechner 30
Gruber 23
Grün-Weiss 25
Gründgens 115
Grundig 26
Grundnahrungsmittel 68
Grüne Welle 77
Gürtelreifen 72
Gutes Benehmen wieder gefragt 141

H-Bombe 56, 151
Haare wasserstoffblond 102
Häfner 52
Haile Selassie 85
Halbstarken 86
Halbstarkenwesen 126
Haley 75
Hallo Dienstmann! 23
Hallo Fernamt 69
Hallo Peter 105
Hallstein-Doktrin 114
Hamburger 58
Hamilton 134
Hammarskjöld 176
Handelsabkommen 168
Handelsembargo 168
Hans Moser 23
Harold MacMillan 97
Hary 176
Hata Toju 59
Hausfrau 19
HAUSMASTA - ROCK 88
Hautwundermittelchen 150
Haydn 85, 178
Hayworth 100
Heartbreak Hotel 85
Heckermann 18
Hedwig Courths-Mahler 17
Heesten 124
Heidelberg 52
Heidelberger pneumatischen Kunstarm 52
Heidi 13
Heimatfilme 106
Heimatroman 127
Heinrich Mann 17
Heinz Conrads 49
Helgoland 68
hellrosa Schmollmund 102
Helmut Seibt 61
Henri de France 134

Herberger 89
Herbert Tichy 85
Hermann Buhl 76
Herz-Lungen-Maschine 58, 72
Herzchirurg 160
Herzinfarkt 176
Herzinsuffizienz 169
Herzog von Windsor 36
Herzschrittmacher 59
Heuss 164
Hildegard Knef 50
Hillary 72, 158
Hits Ende der 50er 179
Hochzeitsreise 112
Hoff 126
Holbein 118
Hollaus 88
Holzkarosserie 118
Hörbiger 23
Horex 127
Hornitex 41
Hörspiel 51
Hovercraft 94, 168
Howard H. Aiken 30
Hüftschwenkungen 104
Hula-Hoop-Reifen 160
Hummeln 113
Humphrey Bogart 100
Hütchen 38
Hygiene 150

Ian Donald 158
Idol 95
Ike 172
IM WARENHAUS 138
Impfstoff 82
Industriediamanten 94
Industriellen Gustav Krupp 17
Institut für Bioenergetische Analyse 125
Interferon 134
Interkontinentalrakete 135
Interzonen-Handelsabkommen 178
Isaacs 134
italienischer Futurismus 43

Jahrzehnt-Symbol 43
Jailhouse Rock 85
James Dean 39, 94
Jawa 127
Jayne Mansfield 102
Jazz 59, 87
Jeans 38
Jenseits von Eden 95
Jerry-Cotton 127
Johann Trnka 17
Johannes XXIII 158
John 89, 176
John F. Kennedy 176
John Ford 17
John Foster Dulles 97
John Wayne 17
Jonas 126
Jörgenson 58

Josef "Bubi" Bradl 76
Joseph Haydn 85
Judo-Weltmeisterschaft 99
Jugendkultur 64
Jugendschutzgesetz 51
Julius Raab 96
Julius Robert Oppenheimer 82
Jupiter-Rakete 168
Jürgens 89

Kabinenroller 118
Kaiser Haile Selassie von Äthiopien 85
Kaiserbirn 87
Kaiserfilm 106
Kalbsrouladen 165
Kalte Krieg 23
Kälte-Kompressor-Maschine 18
Kampf gegen Polio 83
Kandaharsieger 170
Kanzler Konrad Adenauer 77
Karajan 115, 126
Karakorumexpedition 137
Karakorummassiv 162
Karamel-Zuckerl 67
Kardinal König 177
Karies 59
Karl Renner 17, 50
Karolinska Sjukhuset 160
Karpfen 90
Kaugummi 40
Kein Engel ist so rein 105
Kennedy 176
Kernreaktor 30
Kernreaktor-Unfall 56
Kim Novak 102
Kinderlähmung 83
Kino 22, 61
Kinobegeisterung 99
Kinoleinwände 38
Kinsey 72
Kitschindustrie 108, 113
Kittinger 134
Klaus Fuchs 16
Kleenex 46
Kleinstwagen 118
Klepper 151
Kleppermantel 151
Klettverschluß 94
Klinomobil 152
Knabbereien 68
Knef 50
Knerr 160
Knopfzellen 134
Kochnischerl 22
kohlenhydratreiche Lebensmittel 66
Kohlkugeln 27
Kohlrabi 52
Kollektivierung 178
Kolonialkrieg 82
Kommunistenhetze 82
kommunistisch 24
Kondensmilch 67
König 177

König David 30
König Faruk 56
König Feisal II 158
König George VI 56
König Leopold III. 30
König Ottokars Glück und Ende 96
Konkurrenz des Fernsehens 99
Konsumentengruppe 46
Kopenhagener Wellenplan 26
Koreakrieg 72
Körner 50, 137
Körpergeruch 150
Koteletten 86
KPÖ-Abgeordnete 24
Kracherl 66
Krankenhausinformationssystem 125
Krauland 84
Kredenz 96
Kreditkarte 16
Kreisky 97, 170
Kreislaufchirurgie 164
Kriegsführung 57
Krippner 24
Kronen Zeitung 170
Krupp 116, 179
Kuba-Krise 57
Kühlraum 21
Kühlschränke 18
Kukuruz-Wette 177
Kultfahrzeug 127
Kultobjekten 43
Kunstarm 52
Kunststoff-Fliesen 41
Kunststoffböden 41
Kunststofflinsen 58
Kunstwerken 43
Kurvenmädchen 102
Kurvenreichtum 102

La Bamba 179
Lago Maggiore 109
Laika 135
Laing 134
Lancaster 89
Land der Millionäre 85
Landesfernwahl 69
Landwirtschaft 178
Lärmbelästigung 172
LD-Verfahren 75
Le Mans 118
Lebensmittel 66
Lederjacke 101, 110
Leichtathletikkämpfe 99
Lemcke 134
Lenin 158
Leopold Figl 24
Leopoldine 13
Lettera 22 168
Leukomycin 59
Leukoplastbomber 113,118
Levan 125
Levi's 38
Libella 66

Lieblingsschmuggelgut 108
Lieferverpflichtungen 162
Liköre 87
Lillehei 83
Linde-Kühlung 21
Lindemann 134
Lingen 23, 106
Linie H 83
Lloyd 113, 118
Lockerung der Sowjetkontrolle 124
Lockheed Super Star 160
Lohner-Roller 84
Londoner Schuldenabkommen 77
Loren 104
Louis Armstrong 60, 170
Lowen 125
Lüberseekraftwerk 161
Lucky Lady II 135
Lucky Strike 101
Lufthansa 160
Lufthoheit 162
Luftkissenfahrzeug 169
Lüneburger Rathaus 172
Lunik 169
Lustspiele 106
Luxusgefährt 154

Mach mal Pause 63
Machtmißbrauch 124
MacMillan 97, 134
Mailüfterl 162
Makarios 176
Makarios III 124
Makkaronipastete 120
Malenkow 72
Manner-Schnitten 67
Mansfield 102
Manzù 162
Mao Tse-tung 16, 82
Marc Chagall 72
Margarine 66
Mariazell 110
Marischka 99
MARK III 30
Markenzeichen 65
Marktforschung 46
Marmorböden 22
Marshallplan 75, 76
Marylin Monroe 61
Maserati 137
Massentourismus 107
Massenverhaftungen 77
Mau-Mau-Bewegung 56
Max Reinhardt 23
Maxi Böhm 49
May 160
McCarthy 16, 82
McElroy 136
Mecki 13, 113
Mecki-Filme 113
Mecki-Frisur 113
Mecki-Postkarten 113
Melbourne 124

Mercedes 118
Messerschmitt 118
Metallfüße 44
Metallplaketten 111
Mielke 152
Milchmixgetränke 68
Milchrohrleitung 162
Minigolf 109
Minuteman 176
Mixer 20
Mobilfunknetz 164
Modeerscheinungen 65
Modegetränk 65
Modeschauen 99
Mohammed Nagib 56
Molotow 84, 97
Mondflug 58
Monza 88
Moore 82, 134
Moser 23
Moskauer Memorandum 97
Motorrad 22, 127
Mount Everest 72
Mount Haramosh 162
Musical 59
Musik zum Mitnehmen 57
Musik-Synthesizer 94
Musikfilme 106

Nachtstrom-Speicherheizung 134
Nadja Tiller 11, 105
Nágy 124
Nanga Parbat 76
NASA 136
Nasser 56
Naßrasieren 22
NATO 56
Nautilus 83
Nazi-Verbrecher 51
Negermusik 59
Neptun 137
Nesch 30
Neuer Kurier 85
Neurotransmitter 94
New Orleans 59
Niehans 82
Nierentisch 42, 43
NIKE-Ajax-Raketen 57
Nikotinmißbrauch 176
Nitribitt 153
Nixon 65, 128
No sports 72
Nobelpreis für Literatur 72
Nonstopflug 135
Norbert 13
Norgay 72
Normalbenzin 138
Novak 102
NSU-Max 84
NWDR 26
Nylon 33
Nylonhemden 35
Nylonstrümpfe 32

Oase Bad 77
Olah 25
Olivetti 168
Olson 94
Olympischen Spiele 56
OPEC 176
Opel Kapitän 118
Operationsmikroskop 58
Opernball 126
Operneröffnung 99
Oppenheimer 82
ORF 171
organic design 43
Orlon 16
Ort sexueller Begegnung 106
Ost-West-Abrüstungskonferenz 176
Ost-West-Entspannung 168
Oster-Baum 67
Ostermarsch 164
Österreich ist frei 96, 97
Österreich-Werbung 49
Österreichische Casinogesellschaft 96
Österreichischen Rundfunkgesellschaft 137
Ottensteiner Stausee 162
Otto 13
Otto John 89
ÖVP 84

Pablo Picasso 31
Pall Mall 102
Palmers 49
Palmin 67
Paloma 31
Pamir 152
Papiertaschentuch 46
Papst Johannes XXIII 172
Papst Pius XII 82
Parklücke 170
Parteikasse der ÖVP 84
Party 22, 68, 87
Party-Ratgeber 87
Paßgesetz 152
Pastell-Farben 44
Pasternak 158
Paul Hörbiger 23
peinlich 150
peisekammer 22
Pepitahütchen 109
Pepitamuster 38
Peppermint 40
Pepsi 65
Perlon 33
Perón 94
Perseus 137
Personenkraftwagen 18
Peter & Conny 105
Peter Kraus 11, 105
Peter Vogel 159
Petkow 169
Petticoats 38
PEZ 162
Pez-Automaten 161
Pfandgeld 65

Philishave 22
Physiologe 164
Picasso 31, 82
Piccard 176
Pinay 97
Pioniertat 99
Pipeline 161
Pirron & Knapp 12
Plakat 49
Planwirtschaft 50
Plastik 151
Plastik-Zeitalte 33
Plastikflasche 64
Platten 179
Plattenspiele 87
Playboys 154
Plüschsitzfläche 44
Polaroidkamera 94
Polio 83
Polio-Schutzimpfstoff 59
Polpetti 130
Polyäthylen 77
Polystro 41
Popeline 83
Porsche 51
Powers 176
Preiserhöhungen 78
Presley 85
Prinzessin Soraya 30
Produktionseinbußen 178
Produktionsverbot 51
Progress 20
Psychiater 58
Puch 84, 127
Purkersdorf 62
Pummerin 61
PVC-Borsten 41

Quadriga 164

Raab 96, 170
Radiologie 176
Rapacki 134
Rapi 25
Rasierpinsel 22
Rassentrennung 82
Rat für gegenseitige Wirtschaftshilfe 26
Rationierung 25
rauchen 101
Rax-Werke 25
Re-design 43
Reformpolitiker 124
Regierungsdelegation 97
Reichsbrücke 85
Reinhard 23
Reisebeschränkungen 178
Reisewut der Deutschen 107
Reizüberflutung 126
Reklame 19
Rekonstruktion der Speiseröhre 115
Rekordtiefstand 177
Relativitätstheorie 179

Remington 23
Renault 4 CV 84
Renault 4 CV, 119
Rendezvous-System 152
Renner 50
Rennsportveranstaltungen 127
Repassierwerkstätten 35
Repräsentationsobjekt 43
Reserpin 59
Revolutionsarmee 168
Rhythm 'n' Blues 75
Riccione 109
Richard Nixon 65
Riesenorgel 178
Rimini 109, 163
Rio Grande 17
Rita Hayworth 100
Roaring Sixties 176
Roboter Louie 58
Rock around the clock 75
Rock'n Roll 87
Rock'n Roll, 87
Rockstar Peter Kraus 00
Rollenbilder 147
Roller 127
Rollkommandos 24
Rolltreppen 98
Romy Schneider, 104
Ronacher 177
Roncalli 158
Röntgenbildverstärker 176
Rosemarie 153
Rosenberg 17
Rot-Weiß-Rot 61
Röteln 82
Rowenta 20
Rumänische Polpetti 130
Russen-Sau 178

Saar-Zeitung 164
Sahnetorte 67
Sailer 128
Salk 83
Salzbrezelchen 68
Salzburg - Mondsee 162
Salzburger Festspiele 76
Sanella 67
sardinengleich 109
Satchmo 60, 170
Säuberungsaktionen 129
Säuberungswelle 77
Scanner 94
Schah Reza Pahlewi 30
Schallplatten 177
Schärf 97
Schaumstoff 33
Scheibenbremse 124
Schicksalsjahre einer Kaiserin 104
Schilling 152
Schinkenkipferln 155
Schirmbildfotografie 176
Schlafzelt 112
Schlager 109

Schlagergemeinde 60
Schlauchboot 56
schlauchlose Reifen 114
Schleichhandel 40
Schluckimpfung 83
Schlurf 40
Schmachtfilm 104
Schmalzbrote 66
Schmalzlocke 75
Schnaps 164
Schneider 104
schnittig 43
Schnitzel 78
Schokolade 63
Schokolikör 88
Schrittschaltwerke 134
Schuman 16
Schuppen 150
Schuppenshampoos 150
Schwalleck 162
Schwärmerei 95
Schwarzmarkt 34
Schwarzwaldmädel 106
Schweinefleisch 67
Schweineschmalz 67
Schweinsbraten 69
Schweitzer 56
SECAM 134
Seesack 111
Seibt 61
Seilbahn Österreichs 97
Selassie 85
Selbstbinder 36
Senator McCarthy 82
Sender Kahlenberg 76
Senkrechtstarter 82
Sentimentalität 104
Sepp Herberger 89
Servolenkung 30
Sexbomben 102
Shapiro 134
Silbermünzen 97
Silberpfeil 118
Silizium-Solarzelle 82
Siliziumkristallen 56
Sinalco 66
Sinatra 86
Sir Edmund Percival Hillary 72
Sissi 104
Sissi - Schicksalsjahre einer Kaiserin 104
Sissi, die junge Kaiserin 104
Sissi-Film-Kult 104
Soft-Drink-Kultur 63
SOMMERFRISCHLER 108
Sonntagskleidung 39
Sophia Loren 104
Soraya 30
SOS-Kinderdorf 32
Souvenir 98
Souveränität 94
Sowjet-Besatzungsmacht 24
sowjetischer Spion 16
Spaghetti "al Alfredo" 109

Spaltung Deutschlands 89
Spannbeton 162
Spätheimkehrer 85
Spearmint 40
Spießigkeit 140
Spionagetätigkeit 56
Sportflugzeug 107
Springertournee 76
Sputnik 135
SS-6 135
St. Florian 61
Staatsoper 97
Staatsvertrag 96
Staatsvertragsverhandlung 97
Stadthalle 162, 170
Stalin 16
Stalin-Ära 124
Stalin-Note 68
Stalinallee 78
Standgerichte 77
Star 102
Starfighter 82
Stars 100
Starschnitt-Poster 129
Statussymbol 64, 101
Stausee 162
Stellungskrieg 30
Stephansdom 61
Stereo-Programme 89
Stereo-Schallplatten 159
STERN 49
Steuerstatistik 85
Stewardessen 161
Stock im Eisen-Platz 84
Stöckelschuhe 38
Stockhausen 50
Stragula 41
Strahlenschutzverordnung 178
Streikbewegung 24, 25
Strobl & Sokal 33, 106
Stroh-Rum 108
Strudlhofstiege 32
Strumpfband 49
„Strumpfbandl" 88
Strumpfreklame 33
Studebaker 84
Stürup 58
Styling 65
Styropor 16
Südfrüchte 67
Südstaaten 134
Südtirol 126
Südtirol-Konflikt 171
Südtirolrede 170
Südvietnam 82
Suez-Kanal-Gesellschaft 125
Suezkanal 125
Superfortress 135
Süßigkeiten 66
Symbolwert 62

Tabus 73
Tapetenmuster 45

Tauwasser 21
Taxi-Cola 64
Technik 20
Telefonkabel 125
Teller 56
Testfernsehen 51
Texas Instruments 158
The Comets 75
Theo Lingen 23, 106
Theodor Körner 18
Therapie des Diabetes 134
Thronverzicht 56
Thyssen 116
Tibet 16
Tichy 85
Tiefkühlkette 18
Tiefkühltechnologie 18
Tierbilder zum Sammeln 66
Tijo 125
Tiller 153
TIROS 176
Toaster 20
todchic 44
Todesstrafe 17, 51
Toju 59
Topolino 120
Torriani 171
Totenkopf 85
Toxikologie 169
Trägerraketenentwicklung 135
Tramwayunfall 178
Tranquilizer 59
transarabische Pipeline 31
transatlantische Telefonkabel 125
Transistorradio 20, 57
Traumberuf 161
Traumjob 161
Trenchcoat 151
TRIESTE 176
Trinkwasser-Fluoridierung 59
Triton 176
Trockenrasierer 20, 22
tropfenförmig 43
Tröpferlbad 150
Tröpferlbad der Gefühle 33
Truman 30
Trümmerfrauen 142
Tullnerfeld 178
Tunesien 124
Turbinenwagen 82
Türmer von St. Stephan 97
Turmspringen 99
Tütenlampen 43, 44
Tutti Frutti 159
TV-Gondel 96

U2-Zwischenfall 176
UdSSR 178
UKW-Betrieb 76
UKW-Radio 26
Ulbricht 26, 78
Ultraschalltechnik 158
UN-Generalsekretär 176

Unabhängigkeit 94
Ungar 134
Ungarn 128
Universitätsprofessor 162
Unkultur 59
unreine Haut 150
Urlaub 110
Urlaubswelle 107
Urlaubswelt 104
Urnenfelderkultur 18
US-Außenminister George C. Marshall 76
US-Herzchirurg 58
US-Luftwaffe 56
US-Marines 16
US-Mikrobiologe 82
US-Physiker 56
US-Präsident 30
US-Psychotherapeut 125
US-Stardesigner 42
US-Unterseeboot 83
US-Vizepräsident 128
USIA-Betriebe 24
utopisch 43

Va bene 110
vamphafte Grazie 104
Vamps 102
van-Allen-Strahlungsgürtel 158
Verbrennungsmotor 152
Verderben aus dem Ausland 65
Verführungsmacht 46
Verkehrsampel 84
Verkehrssünder-Kartei 129
Versorgungskrise 68
Verwaltungsreform 178
Vespa 127
Vespatreffen 127
Vickers Viscount 178
Vico 171
Videorecorder 30
Violett 25
Virologe 83
VÖEST 25
VÖEST Linz 75
Vogel 159
Volkspolizei 129
Volksabstimmung 114
Volksarmee 68
Volksaufstand 77, 124, 128
Volkswagen 51
Volkszählung 25, 32
Vorbildfunktion 102
Voss Ei-Lob 66
VR 1000 125
VW 26

Wachsbetropfte Chianti-Flaschen 111
Waffenstillstandsvertrag 56
Währungsreform 67
Walsh 176
Wankel 152
Wankelmotor 152
Warenhaus 138

Warschauer Pakt 94
Wäscheschleuder 22
Waschküche 22
Waschmaschine 18
Waschpulver 49
Wegwerfprodukt 46
Wehrpflicht 129
Weltbankanleihe 85
Weltgewerkschaftsbund 126
Weltkriegsgeneral 56
Weltmeister der 125-Liter-Klasse 88
Weltraumrakete 168
Weltrekord im Skispringen 18
Wenn die Conny mit dem Peter 105, 159
Werbestrategien 64
Werner von Braun 136
Westminster Abbey 56
Wetterfleck 151
Wettersatellit 176
Whisky 102
Whisky-Glas 101
Wiederaufbauhilfe 76
Wiederbewaffnung 26
Wiederbewaffnung der DDR 89
Wiedergutmachungszahlungen 68
Wiedervereinigung 68
Wien, Wien, nur du allein 107
Wien-Amstetten 61
Wiener Börse 126
Wiener Frühjahrsmesse 84
Wiener Illustrierte 34, 85
Wiener Kurier 85
Wiener Lokomotiv Fabrik AG 126
Wiener Stadthalle 162
Wiener Stephansdom 61
Wiener Zeitung 61
WIENERILLUSTRIERTE 163
Wienerwald-Kette 111
Wilden Fünfziger 87
Willi Forst 50, 99
Willy Elmayer-Vestenbrugg, 141
Windjacke 110
windschnittig 43
Windsor-Knoten 36
Winston Churchill 72
Wirtschaftshistoriker 115
Wirtschaftskrise 42
Wirtschaftsrezession 158
Wirtschaftswunder 25, 51, 115, 116
Wohnkultur 43
Wohnungsbau 178
Wohnungswelle 107
Wrigley 40
Wunderdroge 169
Wunderstoffe 33
Wunderteam 18
Würste 67
Wurstschifferln 52

Xerox-Kopierer 94

Zeitgeist 127
Zemanek 162
Ziegler 77
Ziemann 106
Zigarette 101
Znaimer Kalbsrouladen 165
Zone 134
Zonenreinigung von Siliziumkristallen 56
Zonenwechsel 39
zweideutige Bücher 126
Zwölfmeilenzone 158
Zworykin 125
Zypernkrise 124

Notizen